V&R

Meinolf Peters

Die gewonnenen Jahre

Von der Aneignung des Alters

Vandenhoeck & Ruprecht

Bibliografische Information der Deutschen Nationalbibliothek

Die Deutsche Nationalbibliothek verzeichnet diese Publikation in der
Deutschen Nationalbibliographie; detaillierte bibliographische Daten sind im
Internet über http://dnb.d-nb.de abrufbar.

ISBN 978-3-525-40105-7

Satz: www.composingandprint.de
Druck und Bindung: ⊕ Hubert & Co, Göttingen

Für meinen Schwiegervater,
von dem ich viel über die bereichernden,
aber auch manches über die leidvollen Seiten
des Alterns erfahren habe.

Inhalt

Vorwort

Der tschechische Schriftsteller Milan Kundera (1994) beginnt sein Buch »Die Unsterblichkeit« mit folgender Szene: »Die Frau mochte sechzig, fünfundsechzig Jahre alt sein. In einem Fitneß-Club im obersten Stock eines modernen Gebäudes, durch dessen breite Fenster man ganz Paris sehen konnte, beobachtete ich sie von einem Liegestuhl gegenüber dem Schwimmbecken aus. Ich wartete auf den Professor, doch da er nicht kam, betrachtete ich die Dame; sie stand bis zur Taille im Wasser, allein im Schwimmbecken und schaute zu dem jungen Bademeister in Shorts hinauf, der ihr das Schwimmen beibrachte. Er erteilte ihr Befehle: sie musste sich mit beiden Händen am Beckenrand festhalten und tief ein- und ausatmen. Sie tat dies ernst und eifrig, und es war, als sei aus der Tiefe des Wassers eine alte Dampflokomotive zu hören (dieses idyllische, heute vergessene Geräusch, das sich für diejenigen, die eine Dampflokomotive nicht mehr kennen, nicht anders beschreiben lässt als das Schnaufen einer älteren Dame, die am Rand eines Schwimmbeckens laut ein- und ausatmet). Ich sah sie fasziniert an. Sie fesselte mich durch ihre rührende Komik (der Bademeister war sich dieser Komik ebenfalls bewusst, denn seine Mundwinkel zuckten immer wieder), bis mich ein Bekannter ansprach und meine Aufmerksamkeit ablenkte. Als ich die Frau nach einer Weile wieder beobachten wollte, war die Lektion beendet, die Frau ging am Becken entlang und am Bademeister vorbei hinaus, und als sie vier oder fünf Schritte von ihm entfernt war, drehte sie nochmals den Kopf, lächelte und winkte ihm zu. In diesem Augenblick krampfte sich mir das Herz zusammen. Dieses Lächeln, diese Geste gehörten zu einer zwanzigjährigen Frau! Ihre Hand schwang sich mit bezaubernder Leichtigkeit in die Höhe. Das Lächeln und die Geste

9

waren, im Gegensatz zu Gesicht und Körper, voller eleganter Anmut. Es war die Anmut einer Geste, die in die fehlende Anmut des Körpers getaucht war. Die Frau musste wissen, dass sie nicht mehr schön war, hatte es aber offenbar in diesem Augenblick vergessen. Mit einem bestimmten Teil unseres Wesens leben wir außerhalb der Zeit. Vielleicht wird uns unser Alter überhaupt nur in außergewöhnlichen Momenten bewusst, und wir leben die meiste Zeit alterslos. Jedenfalls wusste sie in dem Moment, als sie sich umdrehte, lächelte und dem jungen Bademeister zuwinkte, nichts von ihrem Alter. Eine von der Zeit unabhängige Essenz ihrer Anmut hatte sich für einen Augenblick in einer Geste offenbart und mich geblendet. Ich war auf merkwürdige Weise gerührt.«

In der Geschichte, die Milan Kundera mit großer Einfühlsamkeit schildert, wird auf subtile, leise Art ein Themenspektrum entfaltet, das den Rahmen für dieses Buch schafft, es gewissermaßen aufschlägt. Auf den ersten Blick geht es um den Körper, der das Alterserleben in so entschiedener Weise prägt, wenn er seine Dynamik einbüßt und zunehmend als schwer und träge erlebt wird. Doch die ältere Dame geht keiner alltäglichen Routine nach, nein, sie verlangt ihrem Körper etwas Neues ab, erprobt eine bisher nicht genutzte Möglichkeit, etwas, das sie ihm kaum mehr zugetraut haben mag. Durch diese Erfahrung aber wird in ihr etwas wach gerufen, das auf eine Zeit zurückgeht, als ihr das Neue wie von selbst zugeflogen war und der Möglichkeitsraum unbegrenzt erschien. Daran für einen Moment anknüpfen zu können, erzeugt in ihr eine Stimmung, die ihr Alterserleben verändert und etwas Altersloses entstehen lässt. Die Ausstrahlung, die sie dadurch erlangt, lenkt die Blicke der jungen Betrachter auf sie, das Sehen und Gesehenwerden, dieses Wechselspiel voller erotischer Spannung, das längst vergangenen Zeiten anzugehören schien, ist plötzlich wieder da. Doch es scheint jetzt nicht allein von der erotischen Spannung als vielmehr von etwas getragen zu sein, das mit Zeit und Vergänglichkeit zu tun hat. Der junge Beobachter wie auch der Bademeister wahren ja zunächst eine Distanz, indem sie in einen gewissen Zynismus fliehen. Die Assoziation der Dampflok offenbart zunächst ein negatives Altersstereotyp, das sich wie ein Filter vor die Wahrnehmung älterer Menschen durch Jüngere schiebt. Alt ist dann mit verbraucht, erstarrt, unbeweglich, ›aus dem letzten Loch pfeifend‹ assoziiert. Doch bei genauerer Betrachtung beschränkt sich die Assoziation der Dampflok keineswegs darauf, haben wir diese doch als mächtiges, stolzes Gefährt in Erinnerung, das wir mit einer gewissen Ehrfurcht zu betrachten geneigt sind. Diese Richtung ihrer Assoziationen bringt beide dazu, ihre Distanz mehr und mehr aufzugeben, sie lassen sich anrühren von der Szene, die sie zunehmend erfasst. Ihr zunächst am Äußeren haftender Blick weitet sich und gewinnt eine andere Dimension und Tiefe. Die Geste der älteren Dame offenbart etwas Verborgenes und lässt das Äußere des Körpers zurücktreten. Alt wird der Körper, doch wenn der Blick nicht bei dessen äußerlichen Verfallserscheinungen haften bleibt, kann er die Vielschichtigkeit einer älteren Person erfassen, die keineswegs in Gänze einem gleichförmigen Abbauprozess unterliegt, wie es sich im Körperlichen darstellt. Erst jetzt wird die ältere Dame in ihrer ganzen Persönlichkeit sichtbar, die weit über das Äußere hinausreicht. Die Szenerie entfaltet eine Dynamik, die beide, ältere Dame und junge Betrachter, zunehmend erfasst und ein anderes Bild jenseits des Altersabbaus entstehen lässt. Dieses Aus-der-Zeit-Heraustreten schafft ein inneres Bewegtsein bei den Beteiligten, die so eindeutig erscheinenden Kategorien von alt und jung verlieren an Bedeutung und Klarheit, die Abgrenzung schmilzt dahin, alles gerät ins Fließen, genau dies ist das Ziel des Buches, etwas ins Fließen zu bringen jenseits einfacher Kategorien und Zuordnungen.

Auch der Begriff des Anti-Aging stellt eine Kategorie dar, die den Blick verengt, die Haltungen verfestigt und mithin das Gegenteil dessen bewirkt, worauf es mir ankommt. Schon die Wortwahl lässt erahnen, dass es hier um eine Gegnerschaft geht, wir aufgefordert werden, uns gegen etwas zu stellen, das früher oder später ohnehin kommt und dem niemand entgehen kann. Welchen Sinn kann es haben, einen Kampf anzutreten, der letztlich nicht zu gewinnen ist. Ein Gegner, der nicht zu besiegen ist, wird durch eine Gegnerschaft nur gestärkt, er stellt sich uns noch mächtiger entgegen, um in letzter Konsequenz den Sieg davonzutragen. Liegt es dann nicht näher, sich diesen Gegner, den niemand freudig begrüßen wird, wenn schon nicht zum Freund, so doch zum Partner, zum Begleiter, zu einem Teil des Selbst zu machen, um auf diese Weise auf ihn Einfluss zu gewinnen? Er kann uns dann weniger leicht überraschen und an Abgründe führen, die wir nicht vorhergesehen haben, und vielleicht zeigt sich dann ja sogar, dass auch ein Gegner seine Vorzüge hat, dass er uns einen Lernprozess aufzwingt, der uns zu bereichern vermag. Einen solchen Prozess möchte ich hier als Aneignungsprozess bezeichnen, worunter ich einen Umgang mit dem Alter verstehe, der diesem nicht lediglich zusätzliche Jahre hinzuzufügen, sondern diese mit Sinn zu füllen sucht, damit sie zu gewonnenen Jahren werden.

Es wird viel von Anti-Aging die Rede sein, doch ist dies kein Anti-Aging-Ratgeber. Bei aller Kritik am Anti-Aging finden sich darin doch auch viele positive Elemente, die zu nutzen wir uns nicht verschließen sollten. Wie das im Einzelnen geschehen kann, ist allerdings nicht Thema dieses Buches. Es ersetzt also keinen der Anti-Aging-Ratgeber, die zahlreich auf dem Buchmarkt zu finden sind. Meine Absicht ist es eher, dem Leser eine Hilfestellung zur kritischen Nutzung dieser Literatur an die Hand zu geben, um manche der problematischen Auffassungen, die im Anti-Aging zu finden sind, besser einschätzen zu können, aber auch über die engen Grenzen des Anti-Aging hinauszugehen.

Ich danke allen, die zu diesem Buch ebenso beigetragen haben wie zu meinen ersten beiden Büchern (Peters, 2004, 2006), die ebenfalls bei Vandenhoeck & Ruprecht erschienen sind. Dem Verlag bin ich dankbar, weil er von Anfang an mit großem Engagement dieses Buchprojekt gefördert und unterstützt hat. Ich möchte die Erfahrungen, die mir Ältere vermittelten, mit denen ich psychotherapeutisch oder auch anderswie gearbeitet habe, an diese zurückgeben. All die kleinen Geschichten, die ich eingeflochten habe, wurden mir von älteren Menschen, meist Patienten, in meiner psychotherapeutischen Praxis berichtet, manches habe ich aber auch selbst oder in meiner persönlichen Umgebung erlebt, jedenfalls ist nichts von dem erfunden. Schließlich hat meine Frau, die Diplom-Psychologin Gabriele Herkner-Peters, in gewohnt gekonnter Weise das Manuskript durchgesehen und es damit in eine lesbare Form gebracht. Ihr sei ebenso Dank ausgesprochen wie meinem Freund, dem Urologen und Anti-Aging-Experten Dr. med. Adnan Mikhael, der die medizinischen Teile des Buches kritisch durchgesehen hat.

1 Das Alter kommt früh genug, warum sich mit ihm beschäftigen?

Ein höheres Lebensalter zu erreichen war in früheren Zeiten eher die Ausnahme. Während des größten Teils der vergangenen 130.000 Jahre lag die durchschnittliche Lebenserwartung für einen Menschen vermutlich nur bei rund 20 Jahren. Noch bis ins 19. Jahrhundert überlebten kaum 50 % der Säuglinge das erste Lebensjahr, und wer es geschafft hatte, wurde nur wenig älter als 40 Jahre. Die Zeit reichte gerade aus, erwachsen zu werden, eine eigene Familie zu gründen, so viele Kinder in die Welt zu setzen, dass wenigstens ein paar von ihnen überlebten, sie großzuziehen und den Hof oder die Handwerksstelle an den ersten Volljährigen und Verheirateten zu vererben. Die Menschen konnten nicht davon ausgehen, alt zu werden. Der Tod war allgegenwärtig, Seuchen, Hunger oder Krieg konnten jederzeit dem Leben ein frühes Ende setzen. Es hatte also auch wenig Sinn, sich auf etwas vorzubereiten, dessen Eintreffen höchst unwahrscheinlich war. »Mitten im Leben sind wir vom Tod umfangen«, diese Gesangbuchzeile nach Martin Luther kennzeichnet die damalige Lebensrealität. Heute hingegen können wir mit ziemlicher Gewissheit davon ausgehen, ein höheres Lebensalter zu erreichen. Der Tod ist nicht mehr allgegenwärtig, sondern hat sich auf das betagte Alter zurückgezogen, das verraten schon die Todesanzeigen in den Zeitungen. Waren es um 1900 nur 12 %, die erst im Alter von 70 oder mehr Jahren verstorben sind, sind es heute fast 90 %. Der Tod ist eine Angelegenheit des hohen Alters geworden. Aus der unsicheren Lebenszeit, so der Historiker Imhof (1981), ist eine sichere Lebenszeit geworden. Das aber, was vorhersehbar ist, können wir auch zum Gegenstand unseres planenden, zukunftsorientierten Denkens machen. Wir stehen vor der Notwendigkeit und Chance, uns auf das

13

Alter vorzubereiten. Doch viele Menschen leben mit einer Mentalität von gestern. Sie blenden die neue Realität des Alters lange Zeit aus und versäumen es, frühzeitig mit einer auf die zusätzlichen Lebensjahre zugeschnittenen Lebensführung zu beginnen. Damit aber lassen sie eine Chance ungenutzt, die unseren Vorfahren nicht gegeben war.

Welche Gründe hat diese Zurückhaltung, die Menschen daran hindert, eine gesundheitsbezogene Altersvorbereitung für sich als Chance zu begreifen? Zum einen fällt es Menschen ohnehin schwer, weit in die Zukunft zu planen. Nicht, dass sie dazu nicht in der Lage wären, gerade die Fähigkeit des vorausschauenden, reflektierenden Denkens macht ja das Menschsein aus. Doch Wünsche und Bedürfnisse drängen oftmals auf eine rasche Befriedigung, und nicht immer stehen diese mit langfristigen Zielen in Einklang, zumal unser heutiges gesellschaftliches Leben weniger das langfristige Denken denn die Suche nach unmittelbaren Erlebnissen fördert. Der zweite Grund ist darin zu sehen, dass sich die Vorbereitung auf etwas beziehen soll, dass weiterhin in erster Linie mit negativen Vorstellungen verknüpft wird, und so erfasst viele ein Unbehagen, wenn das Alter näher rückt. Sie weichen denn einer Realität aus, die doch unaufhaltsam auf sie zukommt und die sie dann unvorbereitet zu erfassen droht.

Doch wir können einen allmählichen Bewusstseinswandel beobachten, mehr Menschen zeigen sich sensibel, sie reagieren auf die ersten Anzeichen des Alters und versuchen, ihre Lebensführung darauf auszurichten. Sie begreifen, dass das Alter keine »Restlebenszeit« mehr ist, sondern eine zusätzliche, gewonnene Lebenszeit, die es zu gestalten gilt. Immer stärker ist von den Chancen des Alters zu Rede, und manchen schwant, dass er sich darum kümmern und lernen sollte, das Alter nicht als Schicksal, sondern als Aufgabe zu begreifen. Ein solches Bewusstsein erwächst meist in den Jahren, in denen erste Anzeichen der Alters spürbar werden. Die schwedische Autorin Tudor-Sandahl (2003) hat die Zeit zwischen 50 und 60, in dem das Alter seinen Schatten vorauswirft, als Grenzland bezeichnet. In dieser Zeit erreichen die eigenen Eltern ein betagtes Alter oder sie versterben, die Kinder verlassen das Elternhaus und am eigenen Körper werden erste Spuren des Alters sichtbar. Auch drängt sich allmählich die Einsicht auf, dass bereits mehr Lebenszeit verstrichen als noch zu erwarten ist. Diese Veränderungen schaffen eine Sensibilität, die vielfach zu einem Bewusstseinswandel führt und die Bereitschaft befördert, im eigenen Leben neue Akzente zu setzen.

Die im Grenzland erwachsene Sensibilität bedarf aber einer Orientierung, und die ist in der heutigen Zeit nicht einfach zu finden. Das Alter bietet heute zweifellos neue Möglichkeiten, und der Begriff des dritten Alters, der sich mehr und mehr einbürgert und die Zeit zwischen dem mittleren Erwachsenenalter und dem betagten Alter mit seinen zunehmenden Einschränkungen bezeichnet, soll diese neuen Möglichkeiten anzeigen. Doch wie soll das dritte Alter gestaltet werden, fehlt es doch meist an persönlichen Vorbildern und an kulturellen Leitbildern?

Hinzu kommt, dass zwar die Lebenszeit sicherer geworden ist, doch die postmoderne Gesellschaft zugleich neue Unsicherheiten hervorbringt. War noch der Lebensweg unserer Väter und Großväter weitgehend festgelegt, so ist die Kontinuität des Lebens heute ungewisser denn je. Die heutzutage geforderte Mobilität spült viele Menschen an neue Orte und führt sie in andere Milieus und unbekannte Erfahrungsräume. Ein vorhersehbares Durchschreiten des Lebens und das selbstverständliche Hineinwachsen in einen neuen Lebensabschnitt ist vielfach nicht mehr gegeben. Verbunden damit ist auch, dass die heutigen Älteren nicht mehr in einer selbstverständlichen Art und Weise familiär eingebettet sind und in nachbarschaftlichen oder anderen sozialen Bezügen getragen werden. Auch Ältere bekommen die Zwänge unseres modernen Lebens zu spüren, das sie veranlasst, mehr Eigenverantwortung zu übernehmen und das Leben mehr selbstständig zu gestalten. Daraus erwachsen Chancen, aber auch neue Unsicherheiten. Die Chancen zu nutzen, setzt sicherlich eine möglichst weitgehend erhaltene Gesundheit voraus, während die neuen Unsicherheiten auch mit gesundheitlichen Risiken verbunden sein können. Es geht in diesem Buch darum, Orientierungsmöglichkeiten anzubieten, die dazu geeignet sind, eine gesundheitsbezogene Altersvorbereitung in die eigene Lebensführung einzubeziehen.

2 Zum Sinn und Unsinn des Anti-Aging

2.1 Die Phantasie von der Allmacht des Menschen

Der Übergang von der unsicheren zur sicheren Lebenszeit ging mit einem tiefgreifenden Wandel des gesellschaftlichen und sozialen Lebens einher. Damit verbunden war eine weitreichende Veränderung der Haltung zu grundlegenden Fragen des Lebens. Die Unberechenbarkeit und Unplanbarkeit des Lebens in früheren Zeiten bedingte einen anderen Umgang mit den existenziellen Fragen. Die Einteilung des Lebenslaufs in Kindheit, Jugend, Erwachsenenzeit und Alter hatte eine viel geringere Bedeutung, Altersgrenzen spielten kaum eine Rolle. Kinder mussten Erwachsenenaufgaben übernehmen, sobald sie dazu in der Lage waren, Alte, soweit es sie gab, arbeiteten so lange, bis Gebrechen und Krankheiten sie daran hinderten.

> **Die Geschichte des Todes – Geschichte eines Verlustes**
> Diese grundlegend andere Lebenseinstellung hatte auch einen anderen Umgang mit Leid, Krankheit und Tod zur Folge. Dies hat Philippe Ariès (1980) in seinem großen Werk »Die Geschichte des Todes« beschrieben. Er schildert den gezähmten Tod als einen Tod, der zwar nicht begrüßt, aber doch angenommen wurde, wenn er denn kam. Wusste der Betroffene um seinen bevorstehenden Tod, traf er Vorbereitungen und gab letzte Anweisungen. War es soweit, legte sich der Sterbende auf den Rücken, wendete sich Gott zu, um ein Schuldbekenntnis abzulegen und seine Seele zu empfehlen. Das Sterben erfolgte in einer festgelegten Zeremonie, zu der jeder, einschließlich der Kinder, Zutritt hatte. Der Abschied vollzog sich ohne exzessive emotionale Erregung.

Die unsichere Lebenszeit des Einzelnen hatte zur Folge, dass die Gruppe, sprich die Familie, mehr zählte als der Einzelne, dessen Leben von Ungewissheit geprägt war; wichtig war das Überleben der Gruppe. Das Leben des Einzelnen hatte aber auch aufgrund der tiefen Frömmigkeit des Mittelalters weniger Gewicht. Das Leben lag in Gottes Hand, und wann es beendet wurde, unterlag allein Gottes Wille. Der Glauben an die Widerauferstehung, durch die Gott dem Menschen das ewige Leben schenkt, ließ diese Haltung erträglich werden, allein der Glaube an Gott gab dem Menschen die Sicherheit und den Schutz, den er im irdischen Leben nicht zu finden vermochte.

Im Übergang vom Mittelalter zur Neuzeit vollzog sich eine entscheidende Veränderung, die Horst-Eberhard Richter (1979) in seinem Buch »Der Gotteskomplex« beschrieben hat und die auch das Verhältnis des Menschen zu Tod und Vergänglichkeit betraf. Mit der Loslösung von Gott in der Zeit der Aufklärung und mit Beginn des Rationalismus und dem damit verbundenen Wegfall des Glaubens an den göttlichen Schutz wurde allein das Selbstbewusstsein des individuellen Ich zum Garanten eines modernen Sicherheitsgefühls. Den entscheidenden Schritt aus dem Mittelalter sieht Richter in der Verwandlung der inneren Abhängigkeit, die mit dem Glauben an die Allmacht Gottes verbunden war, in eine Phantasie totaler Unabhängigkeit. In dieser Phantasie wurde keine Passivität mehr zugelassen, es galt aktiv zu sein und die Welt zu beherrschen. Die zuvor bestehende Unmündigkeit der Menschheit wurde überwunden, so Richter, durch eine Identifikation mit der göttlichen Allwissenheit und Allmacht. Fortan suchte der Mensch diese Allmacht nur noch in sich selbst. Richter bezeichnet die so entstandenen Allmachtsphantasien des Menschen als Gotteskomplex, der fortan den Umgang mit Schwäche, mit Zerbrechlichkeit, mit Endlichkeit und nicht zuletzt mit Tod und Sterben prägt. Der moderne Mensch habe die Fähigkeit verloren, diese existenziellen Seiten als Teil des Lebens anzuerkennen. Er fliehe vor jeglichem Leiden und sehe dieses grundsätzlich als etwas von außen Zugefügtes, das bekämpft werden muss, nur dann könne der Mensch an seiner Allmachtsphantasie festhalten.

Im »Jahrhundert der Machbarkeit« sind zahlreiche innere Barrieren, die den Menschen zuvor zur Demut zwangen, gefallen: Fatalismus, Schicksalsbegriff, Vorstellung der Gottgegebenheit. Alles ist machbar, reparierbar, revidierbar. Neue Möglichkeitsräume haben sich geöffnet, immer mehr Lebensbereiche werden als gestaltbar erlebt: die Psyche, die Beziehung, die Familie, die Biographie und nicht zuletzt der Körper. Nicht zuletzt die Möglichkeiten körperlicher Eingriffe haben sich enorm erweitert: vom medizinisch Lebensnotwendigen über die In-vitro-Fertilisation bis hin zum Anti-Aging, das den uralten Traum von der Unsterblichkeit des Menschen endlich zur Wirklichkeit werden zu lassen verspricht. Prophezeiungen, die Lebenserwartung werde unaufhaltsam ansteigen und schon von den heute geborenen Mädchen würden mehr als 50 % über hundert Jahre alt werden, lassen diesen Traum greifbar nah erscheinen. Verlautbarungen von Altersbiologen, die Lebensgrenze könne schon bald über die jetzt maximale Lebensgrenze von etwa 120 Jahren hinaus bis auf 150 Jahre erweitert werden, geben den Phantasien neue Nahrung. Von einem verunsicherten Publikum in einer nach dem Tod Gottes »entzauberten Welt« werden solche Meldungen begierig aufgenommen. Der Anti-Aging-Boom scheint unaufhaltsam.

2.2 Der Anti-Aging-Boom – Forever Young?

Die Schauspielerin Iris Berben (2001) – im Jahr 2000 zur beliebtesten Schauspielerin in Deutschland gewählt – hat mit leichter Feder ein Buch mit dem Titel »Älter werde ich später. Das Geheimnis, schön und sinnlich, fit und entspannt zu bleiben« geschrieben. Ihre sinnlich-erotische Ausstrahlung bleibt dem Leser nicht verborgen, die reichhaltige Bebilderung führt sie uns verführerisch vor Augen. Zu Beginn schildert sie kurz ihre schwere Kindheit und – wie könnte es anders sein – ihr Aussehen als hässliches Entlein. Die darin enthaltene suggestive Botschaft lässt für den Leser nur einen Schluss zu: Man hat es selbst in der Hand, etwas aus sich zu machen, und warum sollte das Gleiche nicht auch für das Alter gelten – verschieben wir es doch auf später.

Der derzeitige Anti-Aging-Boom wuchert und findet immer neue Spielarten, Ausdrucksformen und Anwendungsfelder. Anti-Aging-Kliniken und Institute locken ihre Klientel mit dem Angebot umfassender Untersuchungen und Tests zur Bestimmung des biologischen Alters und darauf zugeschnittener Maßnahmen zur Abwendung des Alters. Hotels bieten mehrtägige Aufenthalte zur Verjüngung an und der Buchmarkt wird überschwemmt von einer Fülle an Literatur, in der die frohen Botschaften verkündet werden. Man muss nicht lange blättern, um darin den Inhalt dieser Botschaften zu entschlüsseln, sie präsentieren sich uns bereits auf den ersten Blick. Auf dem Titelbild des Buches von Metka und Haromy (2001), das ein revolutionäres Anti-Aging-Programm für Männer verheißt, schwebt ein junger Mann scheinbar mühelos und voller Dynamik und Schwung über das Wasser, als habe er die Schwerkraft überwunden. Sollte es da etwa nicht gelingen, auch das Alter zu überwinden? Doch hat sich der Verlag hier offenbar selbst ein Schnippchen geschlagen: So wie uns bekannt ist, dass die Vorstellung, über das Wasser zu schweben, nur eine Illusion sein kann, bleibt doch eigentlich nur der Schluss, dass auch eine Überwindung des Alters lediglich ein Wunschtraum ist. Auch sonst fällt auf, dass in den meist reich bebilderten Büchern eigentlich nur junge Menschen zu sehen sind, man reibt sich verwundert die Augen, sollte es nicht um das Älterwerden gehen? Doch die Macher setzen aus Verkaufsgründen auf die Suggestivkraft der Bilder, ob sie etwas mit der Realität zu tun haben oder nicht.

Nimmt man die Bücher näher in Augenschein, werden die Botschaften offen formuliert: Schon die Titel der Bücher sind bemerkenswert: »Für immer jung durch Anti-Aging« (Klentze, 2001), »Forever young. Das Erfolgsprogramm« (Strunz, 1999), »Die Anti-Aging(R)Evolution. Das Handbuch zum Aufhalten und Umkehren des Alterungsprozesses« (Forberger u. Sommer, 2006) oder »Der neue Mann. Das revolutionäre Anti-Aging-Programm« (Metka u. Haromy, 2001). Es geht also deftig zu, kein Superlativ wird ausgelassen. Schlägt man die ersten Seiten auf, wird man mit einem Feuerwerk begrüßt: »Willkomen in der Anti-Aging Gemeinde«, heißt es bei Metka und Haromy. Es wird gleich ein Gefühl suggeriert, etwas Besonderes und irgendwie der Zeit voraus zu sein, während andere ihren Dornröschenschlaf weiter träumen und das Leben verpassen. Der Ton ist optimistisch, so als solle das Aufkommen irgendeines Zweifels gleich im Keim erstickt werden. Es ist ein Optimismus, der zur scheinbar leichtgängigen Welt gehört, die uns heute allerorten begegnet, eine Welt von Alterslosigkeit, die kein Ende mehr hat. Und, so die weitere Botschaft, jeder hat es selbst in der Hand, einen schwerelosen Zustand der Alterslosigkeit zu erreichen.

Wann steigt das nächste Event?

Gerhard Schulze (1995), Soziologieprofessor an der Universität Bamberg, hat eine kultursoziologische Studie angefertigt, in der er unsere heutige Gesellschaft als Erlebnisgesellschaft beschreibt. Indem sich traditionelle Lebensformen und gewachsene soziale Milieus immer mehr auflösen und innere Barrieren fallen, entstehen zunehmend Wahlmöglichkeiten für den Einzelnen. Getrieben durch Verunsicherung und Orientierungslosigkeit ist er gezwungen, an seinem eigenen Projekt vom »schönen Leben« zu basteln. Nicht mehr die langfristigen Ziele und eine Ethik der Verpflichtung stehen im Vordergrund, sondern die Suche nach Erlebnissen, die sein Inneres aufzufüllen vermögen. Und die Verführer stehen bereit, alles zum »Event« hochzustilisieren. Auch die Fitness-, Wellness- und Freizeitkultur kann als Ausdruck dieses Trends betrachtet werden, der auch dem Anti-Aging-Boom den Boden bereitet.

2.3 Schöne junge Welt – Das Unbehagen am Anti-Aging

Bevor ein Geschenk genauer in Augenschein genommen werden kann, zieht die Verpackung unsere Blicke an. Diese ist in der Regel nicht zufällig, sondern sie soll bereits eine bestimmte Erwartungshaltung wecken oder das Geschenk in einem bestimmten Licht erscheinen lassen. Das Anti-Aging ist, wie die obigen Zitate zeigen, »mit leichter Hand« verpackt, die Botschaft ist unübersehbar. Wir werden in eine schöne junge Welt entführt, Jungsein, so soll uns glauben gemacht werden, ist eine Möglichkeit, die heute jedem offensteht, egal wie alt er ist.

Das Anti-Aging ist Teil der Fitness-, Wellness- und Gesundheitswelle, die ja irgendwie uns alle erfasst hat. Wir nehmen daran mehr oder minder teil und können es auch genießen, wenn sich unser Wohlbefinden verbessert und, wenn wir Glück haben, sogar auch unsere Gesundheit. Der kritische Zeitgenosse wird aber immer auf der Hut vor den Gurus und Scharlatanen sein, die hinter jeder Ecke lauern, um uns ihre verlockenden Angebote zu offerieren. Dass der Anti-Aging-Boom heute ein kommerzielles Geschäft ist, bräuchte uns nicht weiter zu bekümmern, jeder entscheidet selbst, wofür er sein Geld ausgibt. Subtiler allerdings ist die Botschaft, die uns vermittelt werden soll. Die Anti-Aging-Protagonisten offerieren uns nicht nur, dass wir etwas für unsere Gesundheit im Alter tun können, ihre Botschaft geht weiter: Sie versprechen Verjüngung.

Nur nicht altern – Das Dorian-Gray-Syndrom
Burkard Brosig (Brosig u. Gieler, 2000), Professor in der Psychosomatischen Klinik der Universität Gießen, hat ein neues Syndrom beschrieben, das er »Dorian-Gray-Syndrom« nennt. Dorian Gray ist die bekannte die Romangestalt von Oscar Wilde, die ihre Seele dem Teufel verkaufte, um den Prozess des Alterns nicht am eigenen Leibe erleben zu müssen. In dem dermatologischen Schwerpunkt der Klinik war Prof. Brosig aufgefallen, dass zunehmend mehr Menschen in die Sprechstunde kommen, nicht weil sie an einem konkreten Symptom leiden, sondern weil sie körperkosmetische Maßnahmen möchten, also etwa Mittel gegen Haarausfall, oder andere dermatologische Eingriffe, allein mit dem Ziel einer immer perfekteren Anpassung an das vorherrschende Schönheitsideal. Wie weit dieser Wunsch nach dem reinen, perfekten Körper reicht, wird darin ersichtlich, dass keineswegs nur Menschen mittleren oder höheren Alters mit diesem Anliegen vorstellig werden, sondern, so Brosig, zunehmend auch junge Menschen von 20, 30 Jahren.

Sich gesund zu fühlen und sich jung zu fühlen ist aber nicht das Gleiche. Indem Gesundheit mit Jugend gleichgesetzt wird, wird implizit ein negatives Altersbild vermittelt, um dessen Überwindung es vordergründig doch gehen soll. Dadurch wird die Angst vor dem Alter nicht gemildert, sondern erhöht, das Alter des Körpers muss noch mehr als feindseliger Angriff erlebt werden, den es abzuwehren gilt. Alter kommt einer Krankheit gleich, die bekämpft werden muss. Das äußerst düstere Altersbild des Aristoteles, der der Auffassung war, chronisch Kranke befänden sich in der gleichen Verfassung wie alte Menschen, denn lange Schwächung bedeute schon so etwas wie Alter, kommt hier in neuem Gewand daher.

Wir werden mit einer ideologischen Botschaft konfrontiert, die den sachlichen Argumenten des Anti-Aging ihre Glaubwürdigkeit nimmt. Die Verpackung lässt ein Gefühl entstehen, als ob es etwas zu verbergen gäbe. Die oben genannten Buchtitel und Zitate bringen diese ideologische Verpackung, die uns eine Welt von ewiger Jugend vorgaukeln möchte, zum Ausdruck. Legt man die zuvor zitierten Buchtitel und Parolen zugrunde, lässt sich darin die Selbstüberschätzung und die Allmachtsphantasie wiedererkennen, von der Horst-Eberhard Richter in seinem Buch »Der Gotteskomplex« sprach.

Dem Ideologieverdacht setzt sich auch der Begriff des Anti-Aging selbst aus. Wie kann man gegen etwas sein, das unvermeidlich, ja das Teil unseres Lebens ist und diesem erst seinen tieferen Sinn gibt. Nur die Endlichkeit des Lebens, die uns im Alter bewusst wird, verleiht diesem seine Würde und dem Augenblick seine Einmaligkeit. Simone de Beauvoir (1949) hat in ihrem Roman »Alle Menschen sind sterblich« beschrieben, wie sich ohne diese Grenze unser Leben in einem stetigen Nichts verlieren würde. Doch das Machbarkeitsdenken versperrt den Blick auf solche Sinnfragen, sie werden im Anti-Aging nicht gestellt. Die tiefe Verunsicherung des Menschen als Kehrseite des Machbarkeitsdenkens, der die Existenzphilosophie des vergangenen Jahrhunderts Ausdruck verliehen hat und die sie für viele Menschen so anziehend machte, wird beseitigt durch die scheinbar magische Wirkung äußerer Eingriffe. Im Glauben an die Macht des Anti-Aging findet sich die Suche des Menschen nach einem omnipotenten Objekt, das ihm mehr Sicherheit und Orientierung zu geben vermag. Das Allmachtsgefühl, dessen sich der Mensch bemächtigt hat, bleibt etwas höchst Fragiles und kann sein Kleinheitserleben, seine im Verborgen lauernde, nie ganz überwundene existenzielle Angst nicht völlig übertünchen.

2.4 Hat das Anti-Aging dennoch Positives? – Facetten eines neuen Faches

Bei aller Kritik sollten wir das Kind nicht gleich zu Beginn mit dem Bade ausschütten. Das moderne Anti-Aging enthält zahlreiche Hinweise, die niemand übergehen sollte, der sich auch im Alter die Lebensqualität erhalten möchte. Das Anti-Aging ist jedoch einseitig und ideologisch gefärbt, dadurch entwertet es sich selbst. Zudem weckt es falsche Hoffnungen und steht damit der Chance entgegen, dem Leben im Alter einen zusätzlichen, ja neuen Sinn zu verleihen. Es zeichnet ein Zerrbild vom Alter und verhindert eine sinnvolle Vorbereitung auf diese Zeit des Lebens. Was bleibt, wenn man diesen ideologischen Mantel abstreift? Lässt sich dann ein sachlicher Kern finden?

Wider die Gesundheitsreligion
Der Psychiater und Theologe Manfred Lütz (2002) hat ein heiter-ironisches Buch mit dem Titel »LebensLust, wider die Diät-Sadisten, den Gesundheitswahn und den Fitness-Kult« geschrieben. Das zusammen bezeichnet er als neue Gesundheitsreligion, die in einem bruchlosen Übergang von der katholischen Prozessionstradition in die Chefarztvisite führe. Auch diese Religion werde wie alle Religionen vom Geheimnis des Todes angetrieben und wolle dies definitiv lösen – und zwar mit den Mitteln der Moderne. Er zieht über alles her, was ihm in die Quere kommt, nicht zuletzt auch über die Ernährungsvorschriften, denen wir uns unterwerfen sollen, um an Ende aber doch zu relativieren, dass nicht die Inhalte, sondern die Übertreibungen das eigentliche Problem seien.

Jacobi (2005) hat in seinem Einleitungsartikel im »Kursbuch Anti-Aging«, das einen umfassenden Überblick über das medizinische Anti-Aging bietet, anhand einer Internet-Recherche folgende Richtungen gefunden: Ca. 25 % der Angebote beziehen sich auf das Gebiet des Wellness, also alles das, was in der Fitness-, Wellness- und Freizeitbrache angeboten wird. Weitere 25 % auf die Ästhetische Chirurgie und Kosmetik, 30 % auf kommerzielle Angebote und nur 20 % auf Beiträge der Schuldmedizin. Nun kann man es als erfreulich betrachten, dass wir es nicht nur mit einem grundlagenwissenschaftlichen medizinischen Fach zu tun haben, das allein in akademischen Zirkeln verhandelt wird, sondern die Anwendung sich parallel oder sogar zeitlich vorausgehend entwickelt hat. Das Problem liegt in den zahlreichen kommerziellen und nicht immer seriösen Angeboten und Darstellungen, die die Zweifel an dem gesamten Fach hervorrufen, auch wenn diese keineswegs immer gerechtfertigt sind. Das erwähnte Kursbuch vermittelt ein Bild von der Themenvielfalt des wissenschaftlich fundierten Anti-Aging und der grundsätzlichen Zielsetzung als Präventionsmedizin. Jacobi formuliert das Ziel des Anti-Aging so: »Ziel des präventiven Ansatzes von Anti-Aging ist es, dem Menschen durch verantwortungsvolle gesundheitsbewußte Lebensführung ein langes, mobiles und eigenständiges Leben zu ermöglichen« (S. 7). Das klingt vernünftig, frei von ideologischem Ballast, wer könnte etwas dagegen haben? Die aufgrund der demographischen Entwicklung enorme Belastung unseres Gesundheitswesens könnte reduziert werden, und handelt es sich nicht um das uralte menschliche Grundbedürfnis, jung zu bleiben und dabei alt zu werden? Man könnte somit meinen, im Anti-Aging liege die Chance einer Stärkung des Gesundheitsbewusstseins und gesundheitsbewussten Verhaltens. Es könnte Eigenverantwortung fördern und das Gefühl stärken, dem Schicksal nicht völlig ausgeliefert zu sein. Eine solche Zielsetzung deckt sich mit einer Entwicklung in der gesamten Medizin, aber auch der Psychologie, Psychotherapie und anderen Gesundheitswissenschaften, nämlich nicht mehr nur über Krankheit, sondern mehr über Gesundheit und Gesundheitsförderung zu sprechen.

So weit, so gut. Warum bleibt trotzdem ein Unbehagen, selbst dann, wenn man die Anti-Aging-Medizin als weitgehend frei von ideologischen und kommerziellen Interessen sieht? Dazu ist es erforderlich, sich mit dem Thema der Gesundheit im Alter näher zu befassen. Gesundheit ist schwer zu definieren. Legt man die Definition der WHO zugrunde, so ist sie weit mehr als die Abwesenheit von Krankheit. Vielmehr setzt Gesundheit das körperliche, psychische und soziale Wohlbefinden des Menschen voraus, womit ein umfassender, ganzheitlicher Gesundheitsbegriff formuliert ist. Im Anti-Aging aber wird ein eingeengter Gesundheitsbegriff verwendet, der vieles außer Acht lässt, was von Bedeutung ist, um sich im Leben wohl zu fühlen. Trotzdem ist auch dieser Begriff der WHO problematisch, denn damit wird gleichsam jedes Unwohlsein zur Krankheit erklärt. Es wird also ein Anspruch gesetzt, der zu den überzogenen Erwartungen an Gesundheit beiträgt, etwas, was von Gesundheitskritikern heute bemängelt wird, wenn sie etwa behaupten, gesund sei nur derjenige, der noch nicht ausreichend untersucht worden sei. Doch hier sollen nicht grundsätzliche Erwägungen in den Vordergrund gerückt werden. Vielmehr geht es darum zu fragen, was denn Gesundheit im Alter bedeutet. Gesichert ist, dass Gesundheit für ältere Menschen zum höchsten Gut wird (Perrig-Chiello, 1997), nichts ist ihnen wichtiger, was ja auch in den Reden zum Ausdruck kommt, die zu jedem Geburtstag gehalten werden – man wünscht dem Betagten eben Gesundheit. Wir werden später sehen, dass Gesundheit für Ältere nicht unbedingt das Gleiche bedeutet, was wir im Allgemeinen darunter verstehen. Friedrich Nietzsche (1878/1980) hatte dem bereits im vorletzten Jahrhundert vorgegriffen, als er feststellte, Gesundheit sei dasjenige Maß an Krankheit, das es ihm noch erlaube, seinen wesentlichen Beschäftigungen nachzugehen. Krankheit, so könnte man sagen, gehört zum Leben im Alter dazu, sie bringt schärfere Kontraste ins tägliche Einerlei der dahinlaufenden Zeit, so Nietzsche, der in ihr sogar eine Stimulanz zum Leben sah. Doch auch einer solchen Zielsetzung wird das seriöse, medizinische Anti-Aging nicht gerecht, weil es Altern im Wesentlichen auf körperliche Prozesse reduziert. Eine ganzheitliche Sicht auf den alten Menschen, wie sie mit dem Gesundheitsbegriff der WHO gefordert wird, bleibt allenfalls Makulatur, wenn sie überhaupt aufgegriffen wird. In diesem Buch aber soll Altern als ganzheitlicher Prozess gesehen werden, um davon ausgehend für einen anderen Weg ins Alter zu plädieren, als er im Anti-Aging propagiert wird. Für diesen Weg müssen jedoch einige grundlegende Überlegungen zum Altern angestellt werden, womit sich das nächste Kapitel beschäftigen wird.

3 Was ist Altern? – Auf dem Weg zu einer ganzheitlichen Sicht

3.1 Wann fängt das Alter an? – Man ist so alt, wie man sich fühlt

Woran merkt man eigentlich, dass man alt wird? Daran, dass man morgens in der Zeitung als Erstes die Todesanzeigen liest? Oder daran, dass die Cremes zur Gesichtspflege teurer und die Liebesnächte seltener werden? Oder daran, dass einem zum ersten Mal im Bus von einem jungen Menschen ein Platz angeboten wird? Oder aber vielleicht daran, dass wieder mehr über das Lebensalter gesprochen wird, dass man Vergleiche anstellt wie in der Kindheit, als das Lebensalter ein wichtiges Kriterium war, sich von Jüngeren abzugrenzen, und als man mit Stolz erfüllt sagen konnte, schon 10 Jahre alt zu sein. Irgendwie beginnt jetzt dieses Spiel von Neuem, wenn auch mit anderen Vorzeichen. Wann also fängt das Alter an?

Wir ahnen schon, dass es sich um eine schwierig zu beantwortende Frage handelt, so dass wir zunächst die Altersbiologen befragen, von denen vielleicht am ehesten eine exakte Antwort zu erwarten ist. Und tatsächlich finden wir Angaben über Leistungseinbußen in zahlreichen Funktionsbereichen: Nervenleitgeschwindigkeit, Stoffwechselgrundumsatz, maximale Herzfrequenz, Muskelkraft, maximaler Blutlaktatspiegel, Vitalkapazität (Fassungsvermögen der Lunge an Atemluft) oder maximale Ventilationsrate (Belüftung der Lunge). Der für die Leistungsfähigkeit des Gesamtorganismus besonders wichtige Sauerstoffverbrauch pro Kilogramm und Minute (aerobe Kapazität) sowie die Laktatkonzentration im Blut (anaerobe Kapazität) erreichen beide zwischen dem 20. und 30. Lebensjahr ein Maximum und fallen dann annähernd linear ab. Das Gleiche gilt für die strukturelle Veränderung der Muskulatur, die sich mehr in Fettgewebe wandelt. Auch hierbei handelt es sich um einen kontinuierlichen Prozess, der keine Anhaltspunkte im Hinblick auf den Beginn des Alters liefert. Doch damit nicht genug, Menschen unterliegen nämlich keineswegs einem gleichförmigen körperlichen Alterungsprozess, vielmehr lassen sich Unterschiede erkennen, die oft größer sind als die zwischen verschiedenen Altersgruppen. Ausschlaggebend dafür sind die biologische Ausstattung, der gesundheitliche Zustand sowie der Trainingszustand der betreffenden Person. Die Geschwindigkeit und das Ausmaß des Altersabbaus können also in erheblichem Maße variieren, so dass sich zwei gleichaltrige Personen in ihrem biologischen Alter deutlich unterscheiden können. Auch wenn die Biologie keine Antwort auf die Frage liefert, wann das Alter beginnt, so liefert sie doch einen anderen Hinweis, nämlich den auf einen beschleunigten Abbau zwischen dem 80. und 90. Lebensjahr. Es gibt Hinweise, dass in dieser Zeit die ausschöpfbaren Kapazitätsreserven verbraucht sind und die Abbauprozesse jetzt stärker durchschlagen können, hier scheint eine Grenze zum hohen, gebrechlichen Alter erreicht zu sein.

Wenn von biologischer Seite keine eindeutige Antwort zu erhalten ist, können wir in eine andere Richtung blicken, die eindeutige Kriterien verspricht, nämlich die gesellschaftliche Seite. Seit 1957 das Rentenzugangsalter gesetzlich geregelt und bei 65 Jahren festgelegt wurde, gibt es in sozialer Hinsicht eine eindeutige Altersgrenze. Tatsächlich hat sich diese Grenze seitdem in unseren Köpfen festgesetzt und dient als Orientierungs- und Planungsgröße, und auch in manchen Institutionen galt dieses Alter lange Zeit als Grenze, die den Beginn des Alters markiert. Doch ist in unserer Gesellschaft manches in Bewegung geraten, und das tatsächliche Berentungsalter lag längere Zeit sogar unter 60 Jahren. Erst mit der Begrenzung des Trends zur Frühverrentung ist es wieder auf über 60 Jahre gestiegen. Inzwischen ist sogar eine Heraufsetzung des Rentenzugangsalters beschlossene Sache. Wir sehen, dass es sich dabei keineswegs um eine verlässliche Größe handelt. Die sozial definierte Altersgrenze unterliegt einer gewissen Willkür beziehungsweise gehorcht momentanen gesellschaftlichen Nützlichkeitserwägungen. Sich als Objekt gesellschaftlichen Interessen zu überlassen, schafft jedoch ein gewisses Unbehagen, und so lässt uns diese Antwort unbefriedigt zurück.

Heißt es nicht, man ist so alt, wie man sich fühlt? Und fühlen wir uns nicht noch jung, auch wenn wir die Fünfzig, die Sechzig oder gar die Siebzig überschritten haben? Wie kann man uns da mit dem Begriff »alt« kommen? Tatsächlich verfügt jeder Mensch über ein inneres Gefühl bezüglich seines Alters, das sogenannte subjektive Alter. Dieses nun hinkt regelmäßig dem kalendarischen Alter hinterher: Ist man 50, sind die 60-Jährigen alt, ist man 60, sind es die 70-Jährigen, ist man 70, sind es die 80-Jährigen. In Befragungen zeigt sich, dass Menschen in der Regel erst ab Mitte des 70. Lebensjahres bereit sind, sich selbst als alt zu bezeichnen (Kohli u. Künemund, 2000). Menschen neigen also dazu, sich von ihrem Alter zu distanzieren, es scheint nicht attraktiv zu sein, sich alt zu fühlen, zu viele negative Assoziationen sind damit verbunden.

Wie alt fühlen Sie sich?

Das innere, subjektiv empfundene Alter hinkt dem tatsächlichen Alter hinterher, und zwar umso mehr, je älter der Mensch wird. Man fühlt sich jünger, als man es an Lebensjahren tatsächlich ist. Diese Diskrepanz spiegelt zweifellos die Auseinandersetzung mit dem Prozess des Älterwerdens wider und zeigt, wie schwierig es ist, sich mit dieser Tatsache anzufreunden und auszusöhnen. Untersuchungen zeigen, dass die Diskrepanz in der noch deutlicher jugendzentrierten amerikanischen Gesellschaft größer ist als bei uns. Auch ist das Selbstbild der älteren Menschen in den USA stärker als bei uns mit der gesundheitlichen Situation verknüpft, das heißt, sich alt zu fühlen wird dort in der Selbsteinschätzung eher mit Krankheit verbunden als bei uns. Daraus folgt, dass die Angst vor Krankheit im Alter größer sein muss, weil damit eine stärkere Selbstabwertung verbunden ist. So ist auch zu erklären, dass die Älteren in den USA sich gesünder einschätzen als in Deutschland, sie sind gewissermaßen gezwungen, ihren Gesundheitszustand möglichst positiv zu deuten, um ihr Selbstwertgefühl zu schützen (Westerhoff et al., 2003). Dadurch dürfte auch zu erklären sein, dass die Anti-Aging-Bewegung in den USA sehr viel verbreiteter ist als bei uns und etwa die Einnahme von Hormonen oder Vitaminen viel bedenkenloser erfolgt.

Führen wir uns diese verschiedenen Haltungen vor Augen, ist das Spannungsfeld zu ermessen, in das ein älterer Mensch gerät: Eigentlich fühlt er sich körperlich noch fit, und dennoch gehört er sozial schon zu den Alten, seit er aus dem Arbeitsleben ausscheiden musste. Oder: Jemand ist aktiv wie eh und je, aber körperlich merkt er deutliche Einbußen. Oder: Zwar ist gerade der 70. Geburtstag überstanden, aber in seinem Inneren fühlt er sich immer noch wie fünfzig. Es ist wohl eine der zentralen Aufgaben im Prozess des Älterwerdens, diese verschiedenen Ebenen nicht allzu weit auseinanderdriften zu lassen, um eine einheitliche Identität bewahren zu können. Chronologisches Alter, biologisches Alters, soziales Alter und subjektives Alter erfassen verschiedene Facetten, die wir irgendwie miteinander verknüpfen müssen, um von uns selbst ein kohärentes Bild zu bewahren. Vielleicht rührt ja auch die häufige Frage, wann denn das Alter beginnt, von einer Unsicherheit angesichts der Diskrepanzen zwischen den verschiedenen Facetten, so dass ein Wunsch besteht, sich anhand äußerer Kriterien zu verorten. Doch Altern ist ein höchst individueller Prozess, und die Bildung einer Identität als älterer Mensch ist vor allem abhängig von persönlichen Erfahrungen und der individuellen Konfrontation mit den Anforderungen des Alterns. Dabei können die äußeren Marker nur in begrenzter Weise hilfreich sein.

3.2 Von der Evolution vergessen? – Warum wir altern

In jungen Jahren ist der Körper ein stiller Begleiter, auf den wir uns verlassen können und der in der Regel keiner weiteren Aufmerksamkeit bedarf. Erst im fortgeschrittenen Lebenslauf tritt er aus diesem stummen Dasein hervor. Es sind zunächst die kleinen Veränderungen, die sich in unser Bewusstsein drängen: das Ergrauen der Haare, die ersten Falten im Gesicht oder die nicht mehr ganz so straffe Muskulatur, dies sind die äußeren Anzeichen, die wir zunächst wahrnehmen. Die inneren körperlichen Veränderungen, das allmähliche Nachlassen der Leistungsfähigkeit der inneren Organe, können wir hingegen noch länger aus unserem Bewusstsein fernhalten, obwohl auch sie sich allmählich vollziehen. Wenn nun diese Abbauprozesse so bedeutsam sind, dann stellt sich natürlich die Frage, was ihnen eigentlich zugrunde liegt und warum sie so geschehen. Die Prozesse sind sehr komplexer Art, so dass die Rätsel des biologischen Alterns bis heute nicht vollständig aufgeklärt sind. Altersbiologen bieten mehrere Erklärungen, die nicht in Konkurrenz zueinander stehen, sondern sich ergänzen und die Komplexität des biologischen Alterns verdeutlichen (Olshansky u. Carnes, 2002).

Inzwischen scheint klar zu sein, dass vermutlich nicht mehr als zehn Gene am Alternsprozess beteiligt sind, woraus einige Altersbiologen die Hoffnung ableiten, bei Fortschreiten der Gentechnik mehr Einfluss nehmen zu können. Bis heute ist jedoch nicht eindeutig geklärt, welcher Anteil am körperlichen Altern genetisch bedingt ist; die Angaben schwanken zwischen einem und zwei Dritteln. Immerhin ist das ein beträchtlicher Teil, und er spricht dafür, dass die individuelle Lebenserwartung zu einem erheblichen Teil durch das genetische Erbe festgelegt ist. Andererseits bleibt genügend Spielraum für das Wirksamwerden anderer Prozesse. Von Bedeutung ist weiterhin die begrenzte Fähigkeit der Zellen, sich zu teilen, eine Entdeckung, mit der der amerikanische Biologe Hayflick vor Jahren für Aufsehen sorgte. Die Hautzellen etwa teilen sich im Laufe der Jahre seltener, das heißt, sie erneuern sich weniger rasch, wodurch die Haut spröde und faltig wird. Bindegewebszellen können sich beispielsweise nur ca. 60-mal teilen, dies führt zu den Bindegewebsschwächen im Alter und auch zu der verminderten Wundheilung. Im Zusammenhang mit der abnehmenden Fähigkeit zur Zellteilung spricht man auch von der »biologischen Uhr«, die irgendwann einfach zum Stehen kommt (Medina, 1998).

Eine besonders bedeutsame und auch von Anti-Aging-Experten bevorzugte biologische Alternstheorie beruht auf dem Unwesen, dass die freien Radikalen treiben, also jene zerstörerischen Zellen, die als Abfallprodukt der Umwandlung des Sauerstoffes andere Zellen angreifen und zerstören. Auf Dauer sammeln sich dann viele kleinere und größere Defekte an, die die Lebenskraft des Körpers mindern. Dadurch treiben sie den Alterungsprozess voran, zumal die Anzahl körpereigener Reparaturmoleküle im Alter abnimmt. In der Zufuhr von Radikalenfängern, sogenannte Antioxidantien, sehen somit Anti-Aging-Experten einen der zentralen Ansatzpunkte, das Alter zu verlangsamen.

Warum aber vollziehen sich all diese Prozesse, und warum hat die Evolution unseren Wunsch nach Unsterblichkeit unerfüllt gelassen? Genau genommen hat sie das gar nicht, denn die Gene, die von Generation zu Generation weitergegeben werden, sind gewissermaßen das Unsterbliche in uns. Immerhin ist dies nicht ganz unerheblich, auch wenn es nicht die Form der Unsterblichkeit ist, von der die Menschen seit jeher geträumt haben. Doch warum setzt die Biologie unserem individuellen Leben ein so frühzeitiges Ende? Kurz gesagt: Ohne eine begrenzte Lebensdauer würde die Evolution auf der Stelle treten. Der Prozess der Evolution setzt ein ständiges Werden und Vergehen voraus. Für die Evolution ist es wichtig, dass stets einige Nachkommen genetisch ein wenig abgewandelt werden. Nur so können Erbeigenschaften auf Probe entstehen, die irgendwann vielleicht einmal nützlich sein können. Wenn aber die Evolution unsere Sterblichkeit verlangt, warum macht sie uns das Altern so schwer, indem sich so viele körperliche Schwächen anhäufen, warum müssen wir einen so allmählichen Verfall erleben? Wir müssen akzeptieren, dass die Evolution klare Präferenzen setzt und eindeutig die Zeit bis zur Erreichung der Fortpflanzungsfähigkeit begünstigt. Die biologische Uhr, die die Wachstums- und Entwicklungsvorgänge reguliert, ist auf die Erhaltung und Fortpflanzung des Lebens ausgerichtet. Gebrechen, Krankheiten oder Tod sind demgegenüber kein Ziel der Evolution, sondern Nebenprodukte, die in der Entwicklungsgeschichte keine Rolle spielten. Der Evolutionsbiologe Medawar, der für seine immunologischen Forschungen 1960 den Nobelpreis erhielt, war der Auffassung, Alter sei der »genetische Mülleimer«. Er hat dies folgendermaßen erläutert: Ein ungünstiges Gen, das eine todbringende Krankheit auslöst, wird nicht in jedem Individuum zur gleichen Zeit aktiv, beim einen etwa mit dem 20. Lebensjahr, beim anderen erst mit dem 25. Lebensjahr. Da nun der 25-Jährige bis zu seinem Tod die Chance hat, mehr Nachkommen zu zeugen, steigt die Wahrscheinlichkeit, dass dieses todbringende Gen in der nächsten Generation zu diesem späten Zeitpunkt auftritt. Damit wird ein Prozess in Gang gesetzt, der dieses Gen immer weiter nach hinten, also auf das Alter verschiebt. Diese ungünstigen Auswirkungen bekommen wir dann im Alter zu spüren (Benecke, 2002).

Auf wie viel Jahre kann man hoffen?

Wir alle wissen, dass sich die durchschnittliche Lebenserwartung immer weiter nach oben verschiebt, und doch besagt das relativ wenig, weil dabei die früher Verstorbenen ja mitgerechnet werden. Gemeint ist immer die Lebenserwartung bei Geburt, doch wie ist eigentlich die Lebenserwartung, wenn wir bereits ein bestimmtes Alter erreicht haben? Wir haben ja, wenn wir mittleren oder höheren Alters sind, schon einige überlebt, und das bedeutet, dass die mittlere Lebenserwartung nicht mehr gilt, denn die können wir jetzt überschreiten. Die Lebenserwartung mit 65 Jahren betrug nämlich im Jahre 2002 bei Männern 16,4 Jahre, bei Frauen 19,8 Jahre, und damit bei Männern 2,2 Jahre, bei Frauen etwa 2 Jahre mehr als noch 10 Jahre zuvor. Bedenkt man, dass die durchschnittliche Lebenserwartung bei Geburt für Frauen bei 82 Jahren und für Männer bei 76 Jahren liegt, wird deutlich, um wie viel sich die normale Lebenserwartung erhöht, wenn bereits ein bestimmtes Alter erreicht ist, nämlich ca. 3 Jahre bei Frauen und 6 Jahre bei Männern. Sich das klar zu machen, widerlegt manches Argument, das in Frage stellt, ob sich dies oder jenes in einem bestimmten Alter noch lohne.

Wir kommen also nicht umhin anzuerkennen, dass es im Alter keine ordnende Hand eines genetischen Programms gibt, denn die Evolution hat die reproduktive Fitness in den Vordergrund gestellt. Diese Tatsache konnten auch Altersbiologen trotz mancher optimistischer Aussage nicht aus der Welt schaffen. Die Demographie zeigt, dass trotz der rasant gestiegenen Lebenserwartung die Restlebenserwartung über 100-Jähriger im vergangenen Jahrhundert kaum gestiegen ist, wir haben es beim Alter also auch mit etwas Unumstößlichem zu tun, Allmachtsphantasien lässt es wenig Raum. Der Mensch stößt eindeutig an Grenzen, auch wenn wir heute nicht mit Gewissheit vorherzusagen vermögen, zu welchen Fortschritten die Altersbiologie zukünftig in der Lage sein wird. Ob wir es tatsächlich anstreben sollten, die biologisch gesetzten Grenzen zu sprengen, ist eine andere Frage.

3.3 Die gewonnenen Jahre – Lebenserwartung und Lebensspanne

Unsere biologischen Wurzeln lassen uns also nicht los, und sie sind dafür verantwortlich, dass wir uns mit einer oberen Altersgrenze abfinden müssen, der maximal erreichbaren, individuellen Lebensspanne eines Menschen, die nach derzeitigem Erkenntnisstand bei 110 bis 115 Jahren liegt. Diese scheint sich kaum zu verändern. Zwar hat die Anzahl über 100-Jähriger extrem zugenommen, allerdings ist die Restlebenserwartung über 100-Jähriger im vergangenen Jahrhundert kaum gestiegen (0,7 Jahre). Doch können nicht alle auch bei noch so günstigen Ausgangsbedingungen auf ein solch langes Leben hoffen. Demographen geben deshalb als weiteren Wert die maximale durchschnittliche Lebenserwartung an, und die liegt unverändert bei etwa 85 Jahren. Bisher spricht wenig dafür, dass diese Grenze übersprungen werden könnte, obwohl der Optimismus einiger Altersbiologen kaum zu bremsen ist. Wir müssen uns mit der Tatsache konfrontieren, dass wir die Grenzen des Alters kaum werden korrigieren können. Es hätte auch nur begrenzt Sinn, darauf allzu viel Energie zu verwenden, denn die Realität des Alters zeigt, dass die Lebensspanne, die uns die Evolution offensichtlich zur Verfügung gestellt hat, bisher nicht voll ausgeschöpft wird. Allerdings hat im vergangenen Jahrhundert eine gewaltige Entwicklung statt gefunden, die zu einem allmählichen Schließen der Schere zwischen biologisch möglicher Lebensspanne und tatsächlicher Lebenserwartung geführt hat. Dies wird erst dann wirklich deutlich, wenn man noch weiter zurückblickt. Altwerden ist in der gesamten Geschichte des Lebens auf Erden ein überaus seltenes Phänomen. Die Natur war und ist ein feindliches Umfeld, in dem die Lebewesen in großer Schar sterben, bevor sie alt werden können; dies galt auch für den Menschen. Und bis zur ersten Hälfte des vergangenen Jahrhunderts war Alter eher eine Ausnahmeerscheinung. Die Lebenserwartung betrug zu Beginn des 20. Jahrhunderts bei Männern 44,8 Jahre und bei Frauen 48,3 Jahre. Durch eine Verbesserung der hygienischen Verhältnisse, durch sauberes Wasser und Kanalisation, die das Risiko von Krankheitsübertragungen verminderten, durch eine geregelte Temperatur, wodurch sich die Anzahl der Atemwegsinfektionen verringerte, kam es gewissermaßen zu einer Langlebigkeitsrevolution. Heute haben Männer eine durchschnittliche Lebenserwartung von 76, bei Frauen von 82 Jahren. Erst in der heutigen Zeit, das heißt in den letzten hundert Jahren, wurde das Alter zu einem Lebensabschnitt, den ein Großteil der Bevölkerung erreicht. Um 1900 lebten im Alter von 60 Jahren noch 44 % der Männer und 51 % der Frauen, mit 70 Jahren noch 27 % bzw. 34 %. Im Jahre 1998 stellte sich das Bild völlig verändert dar: Mit 60 Jahren lebten noch 86 % der Männer und 92 % der Frauen, mit 70 waren es 70 % bzw. 84 %.

Leben Frauen länger oder sterben Männer früher?
Frauen leben länger als Männer, und zwar ca. 6 Jahre. Zu Beginn des 20. Jahrhundert war diese Schere geringer, seit den 1980er Jahren beginnt sie sich langsam wieder zu schließen. Knapp die Hälfte dieser männlichen sog. Übersterblichkeit entfällt auf die Altersstufe zwischen dem 60. und 80. Lebensjahr. Zwar spielen auch biologische Faktoren eine Rolle wie genetische und hormonelle Unterschiede, doch der größere Teil der Differenz geht heute auf nichtbiologische Einflüsse zurück. Dabei kommen Unterschiede im Zigaretten- und Alkoholkonsum ebenso zum Tragen wie unterschiedliche Ernährungsgewohnheiten und Unfallsterblichkeit. Marc Luy (2006) vom Institut für Soziologie und Demographie an der Universität Rostock hat die Lebenserwartung von Nonnen und Mönchen untersucht. Er ging davon aus, dass in diesen Gruppen die Unterschiede in den Lebensgewohnheiten und Lebensrisiken vergleichsweise gering sind. Während die Nonnen die gleiche Lebenserwartung wie alle Frauen aufweisen, leben Mönche im Schnitt um über vier Jahre länger als die Männer der Allgemeinbevölkerung. Es ist demzufolge nicht allein die biologische Konstitution der Männer, die ihre kürzere Lebenserwartung erklärt, sondern vor allem ihre Lebensführung. Die Autoren ziehen daraus den Schluss, dass Frauen eher ihre Lebensspanne ausschöpfen als Männer; diese sterben früher.

Wenn wir nach einem sinnvollen Ziel für Maßnahmen zur gesundheitlichen Vorbereitung auf das Alter und zur Altersaneignung suchen, sollte sich es darauf richten, die uns zur Verfügung stehende

Lebensspanne weitgehend ausschöpfen zu können, und das bei möglichst guter Gesundheit. Dabei ist allerdings zu bedenken, dass die Lebensspanne nicht für alle Menschen gleich ist. Jeder hat seine eigene biologische Ausstattung, die ihm seine Vorfahren mitgegeben haben, und diese setzt ihm mit einiger Wahrscheinlichkeit eine obere Grenze, doch die gilt es auszuschöpfen. Lebensverlängerung unter allen Umständen ist jedoch ein zweifelhaftes Ziel. Es geht darum, dass die gewonnenen Jahre keine Jahre in Gebrechlichkeit und Abhängigkeit werden, sondern Jahre aktiver Lebensgestaltung. Der Begriff der Lebenserwartung erhält damit seine eigentliche Sinnbestimmung, es geht um eine Erwartung an das Leben. Der amerikanische Forscher Fries (1989) hat hierfür den Begriff der »Kompression der Sterblichkeit« geprägt. Er meint damit, dass die Lebenszeit, die durch Krankheit und Gebrechlichkeit geprägt ist, auf eine kurze Spanne ganz am Ende des Lebens komprimiert werden sollte. Dass darin ein realistisches Ziel liegen könnte, zeigt die Entwicklung in der jüngsten Vergangenheit. Untersuchungen zeigen, dass heutige Ältere biologisch gesehen jünger sind als ihre Vorgänger, und zwar um etwa 5 Jahre im Vergleich zu der Zeit vor rund 30 Jahren.

3.4 Die Macht der Psyche – Was beeinflusst die Lebenserwartung?

Bisher haben wir nur von den körperlichen Alternsvorgängen gesprochen, und es könnte der Eindruck entstanden sein, als würde das Schicksalhafte des Alters doch darin liegen, dass die biologischen Wurzeln in dieser Zeit zu Fesseln werden. In gewisser Weise werden sie das auch, doch Altersbiologen und Geriater konfrontieren uns ebenso mit der Tatsache, dass das körperliche Altern in sehr unterschiedlicher Geschwindigkeit erfolgt. Gerontologen weisen uns nachdrücklich darauf hin, dass die Menschen im Alter unterschiedlicher werden. Damit ist eine äußerst interessante Frage aufgeworfen: Wovon hängt es ab, wie und wie rasch der Einzelne altert?

Wenn wir dieser Frage nachgehen, stoßen wir auf verblüffende Befunde. Das Leben des Menschen endet, wenn alle körperlichen Funktionen erloschen sind. Doch wir sollten deshalb nicht meinen, wir hätten es hierbei mit einem rein körperlichen Geschehen zu tun. Auswertungen von Todeszeitpunkten machen nämlich etwas ganz anderes deutlich. Analysen der Sterblichkeitsstatistiken zeigten einen Anstieg der Sterblichkeit nach der Ermordung Kennedys, also einer Identifikationsfigur, die vielen Menschen Hoffnung gegeben hatte. Die gleichen Statistiken zeigen einen Anstieg der Sterblichkeit nach persönlich bedeutsamen Ereignissen wie dem eigenen Geburtstag und nach Weihnachten und Ostern in christlichen Kulturen, aber auch nach hohen Feiertagen in den dominierenden Religionen anderer Kulturen (Baltes, 1977). Es gibt keine eindeutigen Erklärungen für diese Phänomene, aber es liegt die Überlegung nahe, dass die Hoffnung und der Wille zum Leben im Vorfeld persönlich bedeutsamer Ereignisse, vielleicht unterstützt durch das Zusammenrücken der Menschen in dieser Zeit, gestärkt werden und tatsächlich zum Erhalt von Leben beitragen. Wenn nach diesen Ereignissen der Wille abnimmt, scheint dies das Eintreten des Todes zu begünstigen. Nun könnte man einwenden, dass durch solche psychologisch bedeutsamen Ereignisse sich allenfalls der Todeszeitpunkt bei jenen, die ohnehin dem Tod geweiht sind, geringfügig nach vorn oder nach hinten verschiebt. Dieser Einwand mag zutreffen, doch die davon ausgehende Überlegung lenkt uns auf eine Spur, die es sich lohnt, sie weiter zu verfolgen. Haben psychische und soziale Einflüsse nicht doch eine größere Bedeutung im Hinblick darauf, wie der Alternsprozess verläuft und wie lange das Leben dauert? Zu beiden Fragen gibt es erstaunliche Erkenntnisse.

Der Wille zum Leben, auch wenn dies sicherlich ein sehr allgemeines Konstrukt ist, scheint eine viel größere Bedeutung zu haben als ein biologisch verengter Blick vermuten lässt. Er hängt eng zusammen mit dem eigenen Bild vom Alter, und dieses hat einen erstaunlich großen Einfluss nicht nur auf den Todeszeitpunkt, sondern auch auf die Lebenserwartung. Eine US-amerikanische Studie von Levey (Levey et al., 2002) ist zu dem Ergebnis gekommen, dass jene mit einem positiven Altersbild eine um 7,5 Jahren höhere Lebenserwartung haben als jene mit einem negativen Altersbild. Das Bild vom Alter war und ist immer noch vielfach negativ geprägt, alte Menschen gelten als schwach, rigide, krank und so weiter, und oft genug schien sich dieses Bild auch bei den eigenen Großeltern zu bestätigen, die nach einem arbeitsreichen Leben verbraucht und durch Gebrechen gekennzeichnet waren. Auch wenn diese Vorstellung heute keineswegs mehr durchgängig anzutreffen ist, so haben doch viele Ältere selbst ein solches Bild verinnerlicht. Besonders jene, die ohnehin ein eher negativ getöntes Bild von sich selbst haben, neigen dazu, auch ein negatives Altersbild zu übernehmen, andere hingegen sind eher in der Lage, sich davor zu schützen und eine Vorstellung zu entwickeln, das Alter als eine erfüllte Phase ihres Lebens zu betrachten. Das Altersbild, so zeigt die erwähnte Studie, hat nicht nur Einfluss auf die Lebensqualität, sondern sogar auf die Lebensdauer, und zwar in einem überraschend hohen Maße. Der Einfluss war höher als der verschiedener medizinischer Maße wie Bluthochdruck oder Cholesterinspiegel. Auch dies ist ein eindrücklicher Beleg dafür, dass Alter nur als ganzheitlicher Prozess zu verstehen ist und nicht auf das biologische oder körperliche Altern reduziert werden darf, wie es im Anti-Aging geschieht. Und ich werde in den nächsten Abschnitten noch mehr Belege für diese Sichtweise anführen.

Die langlebigen Nonnen

Deborah Danner und ihre Kolleginnen (Danner et al., 2001) von der Universität von Kentucky hatten sich schon länger mit der Frage beschäftigt, wovon die individuelle Lebenserwartung eigentlich abhängt. Dabei hegten sie die Vermutung, dass es keineswegs nur biologische Einflüsse sind, sondern unseren psychischen Funktionen eine bisher unterschätzte Rolle zufällt. Nun bot sich ihnen ein einmaliges Material, dieser Frage genauer nachzugehen. Ein Orden stellte ihnen sein Archiv zur Verfügung, in dem über viele Jahre hinweg Material von mehreren hundert Nonnen gesammelt worden war. Besonders interessierten sich die Forscher für die biographischen Aufzeichnungen, die jede Nonne nach Eintritt in den Orden anfertigen musste. Sie sahen darin die Chance, die Frage zu klären, ob Optimismus und die Reichhaltigkeit des emotionalen Erlebens Einfluss auf die Lebenserwartung hat. Die Aufzeichnungen stammten aus einer Zeit, als die angehenden Nonnen im Durchschnitt 22 Jahre alt waren. Zum Zeitpunkt der Untersuchung waren viele von ihnen schon verstorben, die noch Lebenden waren zwischen 75 und 102 Jahren alt. Die Aufzeichnungen wurden nun nach genau definierten

Kriterien ausgewählt und ausgewertet. Zwei kurze Beispiele sollen dies zeigen.

Nonne 1 ist ein Beispiel für wenig positive Emotionen: »Ich wurde am 26. September 1909 als Älteste von sieben Geschwistern geboren, fünf Mädchen und zwei Jungen […] Die Jahre als Kandidatin verbrachte ich im Mutterhaus, ich unterrichtete Chemie und im zweiten Jahr Latein am Notre-Dame-Institut. Mit Gottes Hilfe versuchte ich das Beste für meinen Orden zu geben, für die Ausbreitung unserer Religion und für meine persönliche Weihung« (Übersetzung M. P.).

Nonne 2 steht für ein Beispiel mit positiven, differenzierteren Gefühlsausdruck: »Gott schickte mich in mein Leben, in dem er mir eine besondere Ehre von unschätzbarem Wert erwies […] Die vergangenen Jahre, die ich als Kandidatin am Notre-Dame-Institut verbrachte, um dort zu lernen, waren für mich sehr glücklich. Jetzt schaue ich nach vorn mit begieriger Freude auf meine vollständige Aufnahme in den Orden und erwarte ein Leben in Gemeinschaft im Zeichen der göttlichen Liebe« (Übersetzung M. P.).

Während die erste Nonne sehr nüchtern ihre Situation schildert, lässt die zweite ein differenziertes, positives emotionales Ausdrucksverhalten erkennen. Die Annahme war, dass dies nicht ohne Einfluss auf die körperlichen Prozesse bleibt. Das Ergebnis war insofern nur in seiner Deutlichkeit überraschend: Im Schnitt 58 Jahre, nachdem die Aufzeichnungen angefertigt worden waren, zeigte sich eine Differenz von etwa 10 Jahren, die die Gruppe mit positiven und reichhaltigen Gefühlsleben länger lebten als diejenigen, die eher negativ gestimmt waren oder deren Gefühlsausdruck eher arm und spärlich geblieben war.

3.5 Gesundheit und Krankheit im Alter –
Ein Widerspruch?

Meine bisherigen Ausführungen könnten zu der Annahme verleiten, als ginge es vorrangig um eine Verlängerung des Lebens, genau wie in manchen Bereichen der Anti-Aging-Literatur. Die WHO hat demgegenüber den Slogan formuliert: »Add life to years, not years to life«. Diese Auffassung wird auch in der heutigen Gerontologie weitgehend geteilt. Es geht darum, die im Alter zunehmende Krankheitsanfälligkeit möglichst auf das Ende des Lebens zu begrenzen. Die Beschäftigung mit dem Alter ist durch eine Verknüpfung, ja manchmal durch eine regelrechte Gleichstellung von Alter und Krankheit geprägt. Diese Verknüpfung zieht sich durch unsere Kulturgeschichte bis heute. Werfen wir zur Überprüfung dieser Auffassung einen Blick in die Medizin, so stoßen wir auf den Begriff der Multimorbidität, womit die Tatsache umschrieben wird, dass viele ältere Menschen mehrere medizinische Diagnosen gleichzeitig aufweisen. Von den über 65-Jährigen sind nur etwa 5 % völlig gesund, 30 % leiden an drei oder vier und 40 % an fünf oder mehr Krankheiten. Ist also die Gleichsetzung gerechtfertigt, oder müssen wir differenzierter an die Frage herangehen?

Eine wichtige Unterscheidung betrifft die zwischen subjektiver und objektiver Gesundheit. Mit Letzterer ist die tatsächlich nachweisbare Gesundheit beziehungsweise Krankheit gemeint, also das, was medizinisch festzustellen ist; mit Ersterer das subjektive Empfinden, also die Frage, wie man sich fühlt, ob man sich fit und gesund erlebt. Beides ist nicht deckungsgleich. Mehr ältere Menschen schätzen ihre Gesundheit als besser ein, als sie tatsächlich ist, nur eine Minderheit von ihnen hat die Auffassung, dass ihr Gesundheitszustand schlechter sei als er objektiv ist; dies tun übrigens mehr Frauen als Männer. Nicht nur Ältere, sondern wir alle neigen dazu, uns die Dinge etwas schönzureden. Offenbar brauchen wir diese Art von Illusion, die uns Kraft und Hoffnung verleiht und vielleicht dabei hilft, manche Enttäuschung wegzustecken. Diese Tendenz schlägt sich auch im subjektiven Gesundheitsgefühl nieder, das natürlich einen sehr großen Einfluss auf das eigene Wohlbefinden hat. Doch mehr noch: Man konnte zeigen, dass Langlebigkeit mehr von der subjektiven als von der objektiven Gesundheit abhängt. Diejenigen, die sich fit und gesund fühlen, es aber objektiv, also medizinisch nicht unbedingt sind, leben länger als diejenigen, die sich nicht gesund fühlen, unabhängig davon, ob sie es sind. Wahrscheinlich hängt dies damit zusammen, dass Ältere, die sich subjektiv gesund fühlen, aktiver sind, und Aktivität wiederum ein längeres Leben begünstigt (Lehr, 2000).

Aging well – Wovon hängt es ab?

Eine der wichtigsten Längsschnittstudien wurde in der letzten Untersuchungsphase von Vaillant (2002) durchgeführt. Schon vor ihm hatten mehrere Generationen von Wissenschaftlern eine große Gruppe von Personen immer wieder vom 13. Lebensjahr bis hin zum 80. Lebensjahr untersucht. Dadurch bot sich die einmalige Chance, herauszufinden, was zu einem gesunden Alter führt. Es wurde ermittelt, dass im Alter von 50 Jahren die Tatsache, Nichtraucher zu sein, am meisten zur Vorhersage körperlicher Gesundheit mit 80 Jahren beitrug. Reife Bewältigungsstrategien wie Altruismus, Sublimation oder Humor tragen vor allem zu psychischer Gesundheit im Alter bei, für physische und psychische Gesundheit spielt die Abwesenheit von Alkoholmissbrauch eine Rolle. Weiterhin waren von Bedeutung eine stabile Partnerschaft, regelmäßige Bewegung und kein Übergewicht zu haben. Keinen Beitrag zu gesundem Altern leisteten: Langlebigkeit der Vorfahren, Cholisterinspiegel, Stress, Persönlichkeitseigenschaften der Eltern und Temperamentseigenschaften als Kind. Diese Variablen haben eine Bedeutung für die Entwicklung in der Jugendzeit und im Erwachsenenalter, nicht jedoch im Alter. Vaillant zieht aus den Ergebnissen den Schluss, dass man gute Chancen hat, darauf Einfluss zu nehmen, in welcher Weise man altert.

Wir sehen also, dass unser Denken und Fühlen eine enorme Bedeutung hat, und wir sehen auch, dass tatsächlich vorliegende Krankheiten das Wohlgefühl nicht zwangsläufig dauerhaft beeinträchtigen müssen. Dies gilt allerdings nur, so lange sie nicht mit erheblichen Einschränkungen verbunden sind. Ist dies der Fall, besteht ein deutlich erhöhtes Risiko einer negativen Beeinflussung des Wohlbefindens. Doch viele Krankheiten im Alter sind sogenannte ruhende Krankheiten, die sich nicht ständig bemerkbar machen und auch nicht zwangsläufig mit Einschränkungen verbunden sind; die bloße Anzahl an Diagnosen sagt also noch nicht sehr viel aus. Und Ältere haben eine erstaunliche Fähigkeit, sich auf ein gewisses Maß an Einschränkungen einzustellen und diese so zu verarbeiten, dass sie sich in ihrer Gesundheit nicht allzu beeinträchtigt fühlen. In diesem Zusammenhang wurde auch von dem Paradoxon des Alter gesprochen (Pinquart, 1998), gelingt es doch Älteren in ihrer Mehrheit, ein hohes Maß an Lebenszufriedenheit und Wohlbefinden aufrechtzuerhalten, obwohl die Lebenskräfte schwinden und gesundheitliche Belastungen zunehmen. Eine solche Leistung scheint ihnen auch im gesundheitlichen Bereich zu gelingen. Angesichts tatsächlicher Einschränkungen rücken sie gewissermaßen ab von einem absoluten Gesundheitsbegriff, nämlich von einer Vorstellung, die nur gesund *oder* krank kennt. Sie ergreifen die Flucht nach vorn und differenzieren ihr Denken, indem sie simple Denkschemata wie gut und böse, schwarz und weiß aufgeben. Dadurch können sie zu einer Vorstellung von Gesundheit gelangen, die nicht die Abwesenheit von Krankheit voraussetzt. Sie nähern sich damit einem Gesundheitsbegriff, wie er von der WHO vorgegeben wurde und der eben ein umfassenderes Gefühl von Wohlbefinden meint. Ältere entwickeln für sich ganz offensichtlich andere Bewertungsmaßstäbe, an denen sie ihren Gesundheitszustand messen. Er wird zu etwas Relativem, etwas, das ein gewisses Maß an Einschränkungen oder Leiden durchaus einschließen kann. Man könnte einwenden, dass dabei ein Bagatellisierung und Verleugnung eine Rolle spielen, jedoch dient diese Einstellung dem Schutz des Wohlbefindens und bietet zugleich die Chance, sich von einem überhöhten Gesundheitsbegriff zu lösen.

3.6 Die Spuren zeitgeschichtlicher Einflüsse – Eine Bürde für das Alter?

Wir haben bereits den nicht zu unterschätzenden Einfluss des Fühlens und Denkens kennen gelernt, doch dies noch genauer zu verstehen, bedarf eines weiteren Schrittes. Die Persönlichkeit eines Menschen, seine Werthaltungen und Lebenseinstellungen sind immer auch durch zeitgeschichtliche Umstände sowie die Lebenswelt, in die er hineingeboren wurde, geprägt, und diese Prägung weist eine große Kontinuität auf, so dass auch der Umgang mit den Aufgaben des Alterns und den gesundheitlichen Herausforderungen in diesem Lebensabschnitt nicht losgelöst davon zu verstehen ist. Was kann es also bedeuten, dass die heutigen älteren Menschen in der Zeit der Weimarer Republik, des aufkommenden Nationalsozialismus und des Zweiten Weltkrieges geboren und aufgewachsen sind? Nicht nur das Alltagsleben unterschied sich maßgeblich von unseren heutigen Erfahrungen, auch die Erziehungsvorstellungen spiegelten ein anderes gesellschaftliches Klima wider. Der deutsche Säugling wuchs nach drei Pflegegrundsätzen auf, wie in einer Analyse zum Wandel der Kleinkindforschung hervorgehoben wird: Reinlichkeit; Ruhe; Luft, Licht und richtige Wärmehaltung. Arnold Gesell zufolge, einem zur damaligen Zeit führenden Entwicklungspsychologen, vollzog sich Entwicklung allein als eine prädeterminierte Entfaltung innewohnender Fähigkeiten, die von außen her nicht beeinflusst werden könne, ja er warnte vor solchen Versuchen »schlapper Gefügigkeit« (Rauh, 1987). Einem 1928 erschienen Mütterbuch ist folgender Hinweis zu entnehmen: »Selbstkontrolle, Gehorsam, Anerkennung der Autorität sowie Respekt für Ältere müssen unbedingt im ersten Lebensjahr gelernt werden. Ein Baby, welches aufgenommen oder gar gefüttert wird, wenn es schreit, wird bald zu einem wahrhaften Tyrannen werden; es wird seiner Mutter keinen Frieden geben, wenn es wach ist, während hingegen ein solches Kind, welches regelmäßig gefüttert und zu ganz bestimmten Zeiten zu Bett gebracht wird, und mit dem nur zu ganz bestimmten Zeiten gespielt wird, bald herausfindet, das Bitten und Betteln keinen Erfolg haben und auf diese Weise die nützlichste aller Lektionen lernt: Die Selbstbeherrschung und die Anerkennung einer Autorität, die über seinen Wünschen steht«. Sigrid Chamberlain (1997) hat in ihrem Buch »Adolf Hitler, die deutsche Mutter und ihr Kind« Ratgeber analysiert, in denen es zum Beispiel hieß: »Außerdem hat die Trennung von Mutter und Kind für letzteres außerordentliche erzieherische Vorteile« (S. 123). Es ging also um Trennung, nicht um Bindung, von der wir heute wissen, wie entscheidend sie zur Grundlage des »Urvertrauens« wird. Chamberlain kommentiert diese Ratschläge wie folgt: »Das Baby, das viel alleingelassen wird, dem auf sein Kontaktrufweinen niemand antwortet, dem immer wieder Todesangst zugefügt wird, [...] dieses

Kind droht sich vollständig zu verlieren in der Weite der unüberschaubaren, bedrohlichen Welt [...] Und das bereitet einen Typus vor, der aufgrund der eigenen unsicheren Grenzen und des immer fragmentarisch gebliebenen Selbst nie den Anderen, gar den Fremden neben sich wird bestehen lassen können« (S. 156). Das Buch von Johanna Harrer, dem die Zitate entnommen sind, wurde übrigens auch nach Ende des Krieges vielfach weiter verkauft.

Zweifellos hat ein solches Klima die Menschen geprägt, und ohne eine solchermaßen anerzogene Autoritätshörigkeit, der eine tiefe Verunsicherung zugrunde lag, hätten die jungen Männer kaum in Heerscharen und mit Begeisterung in den Ersten Weltkrieg ziehen und hätten die Massen kaum einem Adolf Hitler zujubeln können, um sich von ihm in das größte Verhängnis des 20. Jahrhunderts führen zu lassen. Doch dieses oft untersuchte Thema mag den Historikern und Soziologen überlassen bleiben.

Die Folgen der Kriegskindheit

Der Generationenwandel hat dazu geführt, dass nunmehr diejenigen in ein höheres Lebensalter eingetreten sind, die Krieg, Flucht und Vertreibung als Kinder oder Jugendliche erlebt haben. Über die Folgen hat in den letzten Jahren eine lebhafte öffentliche Debatte begonnen, und in den Medien werden die Ereignisse aufgearbeitet. Inzwischen liegen einige Studien darüber vor, in welch großem Ausmaß noch heute die Folgen damals traumatischer Erlebnisse in Form körperlicher oder psychischer Beeinträchtigung nachzuweisen sind. In der Psychotherapie älterer Menschen stoßen wir darauf, dass häufig gerade im Alter, wenn die Vergangenheit wieder näher rückt, die Erlebnisse noch einmal aufbrechen können, die zuvor gut verdeckt waren. Viele ältere Menschen leiden an Symptomen, die auf die damaligen traumatischen Erfahrungen zurückzuführen sind und die jetzt noch einmal aufgearbeitet werden müssen. Hartmut Radebold (2005), der Nestor der Psychotherapie Älterer in Deutschland, hat in seinen Büchern anhand zahlreicher Fallbeispiele, aber auch aufgrund seiner eigenen, persönlichen Erfahrungen, uns den Blick geöffnet und diese Thematik näher gebracht.

Wie stark die früheren Erfahrungen in die Psyche der Menschen eingedrungen ist, zeigt beispielsweise auch die Studie von Klaus Theweleit (1986) über Männerwelten in der Zeit der Weimarer Republik, die voller aggressiver Phantasien und Geringschätzung des Weiblichen wie auch des Gefühls- und Beziehungslebens war. Die in der damaligen Zeit entstandene männliche Charakterstruktur lässt sich bei heutigen älteren Männern durchaus wiedererkennen, wenn auch vielleicht in moderaterer Form. Finden wir nicht manchmal bei ihnen – aber sicherlich auch bei manchen älteren Frauen – Züge einer ausgesprochenen Rücksichtslosigkeit und Härte gegenüber sich selbst, eines Untertanendenkens, einer Ablehnung von Gefühlen und der Unfähigkeit, Hilfe anzunehmen, auch dann, wenn diese unumgänglich ist, aber auch eine skeptische und misstrauische Haltung gegenüber dem Fremden und nicht zuletzt auch gegenüber der eigenen Gefühlswelt. Gewiss, manche haben sich dem kulturellen Wandel und der Veränderung von Umgangsformen nicht völlig verschlossen und ihre eigene autoritäre, auf Disziplin bedachte Weise, das Leben zu meistern, abgemildert und modifiziert, oder das Alter selbst hat sie eines Besseren belehrt und ihnen zu einer Altersmilde verholfen, die mehr Nachgiebigkeit im Umgang mit sich selbst und anderen erlaubt. Doch finden sich bei anderen, insbesondere älteren Männern, immer noch die Reste eines althergebrachten Charaktertypus.

Wie können sich die beschriebenen Eigenschaften und Lebensgewohnheiten im Alter auswirken und den Umgang mit Gesundheit und Krankheit beeinflussen? Man könnte meinen, dass die Älteren in früheren Zeiten gelernt haben, mit Einschränkungen und Verzicht umzugehen, dass sie es gewohnt sind, nicht zu klagen, sondern ihr Leid in stummer Ergebenheit auf sich zu nehmen. Auch wenn sich derartige Charaktereigenschaften und Verhaltensgewohnheiten im Laufe der Zeit abgemildert haben, wird doch bei besonderen Anforderungen, die das Alter stellt, in regressiver Weise darauf zurückgegriffen, um verlorene Sicherheit zurückzugewinnen. Dies gilt insbesondere auch bei gesundheitlichen Herausforderungen. So konnte in Untersuchungen gezeigt werden, dass Kriegerwitwen in den Nachkriegsjahren durch eine besondere Aktivität und Disziplin ihre Situation zu bewältigen versucht haben, was dem Wiederaufbau der Gesellschaft durchaus zugute kam. Greifen diese Frauen nicht auch im Alter auf diese Verhaltensweisen zurück, um gesundheitliche

Krisen zu meistern? Mangelt es vielen Älteren nicht an der erforderlichen Selbstfürsorge und der Bereitschaft, äußere Hilfen anzunehmen? Studien zeigen, dass Vorsorgeuntersuchungen insbesondere von Männern viel zu selten wahrgenommen werden. Darin liegt einer der Gründe, warum sie früher sterben als Frauen, denn tödlich verlaufende Krankheiten werden bei ihnen oft viel zu spät diagnostiziert, als dass noch eine Behandlung möglich wäre.

Ähnliches lässt sich bei der Einstellung zur Psychotherapie ausmachen, wie ich in einer eigenen Untersuchung nachweisen konnte. Ältere neigen eher zu der Auffassung, dass man seine Probleme selbst in den Griff bekommen muss und die Inanspruchnahme von Hilfe ein Zeichen von Schwäche ist. Diese Einstellung ist keineswegs bei allen Älteren anzutreffen, aber eben doch bei einem nicht unerheblichen Teil. Entsprechend gering sind bisher die Zahlen psychotherapeutisch behandelter Älterer. In den Praxen der niedergelassenen Psychotherapeuten findet sich ein Anteil von etwa 1 % über 65-Jähriger bei einem Anteil von über 20 % dieser Altersgruppe an der Gesamtbevölkerung (Peters, 2006). Da die Effektivität von Psychotherapie bei älteren Menschen inzwischen eindeutig nachgewiesen ist, werden somit Behandlungschancen vertan, die nicht nur zur Linderung individuellen Leids beitragen, sondern auch einen kostendämpfenden Effekt haben könnten. Neueste Untersuchungen zeigen, dass die jetzt nachrückende Generation Älterer eine andere Einstellung an den Tag legt und entsprechende Angebote eher in Anspruch nehmen, ja einfordern wird.

3.7 Time Is on My Side – Die 68er werden alt

Die Generation der »68er«, also jene Generation, die für die Aufbruchstimmung der 1960er Jahre steht, wird alt. Petra und Werner Bruns zusammen mit Rainer Böhme (2007) gehen in ihrem Buch »Die Altersrevolution« der Frage nach, wie diese Generation ihr eigenes Alter meistern wird, und kommen zu einer eindeutigen Aussage: Sie wird dazu beitragen, das Alter zu revolutionieren. Die 68er werden ihren Elan neu entfachen und sich keineswegs in herkömmliche Altersschemata einzufügen bereit sein. Sie werden Ansprüche an den Tag legen, ihr Leben zu gestalten. In ihrer Jugend hätten sie das

Alter bekämpft, im Alter werden sie den Jugendwahn bekämpfen, unbequem, aufmüpfig, theoriebeladen, konfliktbesessen. Selbstbestimmt sei ihre Lieblingsvokabel, und die würden sie auch ihrem Leben im Alter zugrunde legen. Sie würden einen neuen Zeitgeist schaffen, schließlich sei dies schon immer ihre Stärke gewesen. Die Autoren erwecken in ihrem Überschwang den Eindruck, als ob diese Generation den negativen Begriff des Alters hinwegfegen könnte, als ob sie ihren jugendlichen Elan, der in den 1960er Jahren eine Gesellschaft aufgebrochen hat, mit ins Alter nehmen könnten. Vielleicht hatten sich die Autoren bei der Entwicklung ihres Gedankenganges allzu sehr von Henning Scherf (2006) leiten lassen, dem ehemaligen Bremer Bürgermeister, der sich mit einem Buch über das Alter hervorgetan hat und dem es offensichtlich gelungen ist, eine solche Aufbruchstimmung zumindest in seinem eigenen Leben zu entfachen. Doch ist der stets agile Henning Scherf tatsächlich ein Prototyp dieser Generation, oder schießen die Autoren vielleicht doch über das Ziel hinaus?

Wo sind die Dauerwellen geblieben?

Wo sind die Dauerwellen geblieben, so beginnt der »Focus« Ende 2007 einen Beitrag über die neuen Alten, in dem beschrieben wird, wie sich diese von den traditionellen Alten, denen nur mehr 37 % der älteren Bevölkerung zuzurechnen sind, unterscheiden. Lebten die Älteren vor 30 Jahren mit bescheidenen Ansprüchen und geringem Tatendrang in ihrer kleinen Wohnung und verbrachten ihre Zeit damit, Kreuzworträtsel zu lösen, Heino im Radio zu hören und Wim Thoelke im Fernsehen zu sehen, verbringen die neuen Alten, so die Befragungsergebnisse, ihre Zeit mit sozialen und anderen Aktivitäten und Unternehmungen. Der Anteil derer, die regelmäßig Sport treiben, ist ebenso deutlich gestiegen wie der Anteil derer, die sich fortbilden. Die »neuen Alten« legen mehr Wert auf Unabhängigkeit, benutzen wie selbstverständlich das Internet ebenso wie ihr eigenes Auto, besuchen Pop- und Rockkonzerte und sind in ihrer Kleidung kaum mehr von Jüngeren zu unterscheiden. Das traditionelle Pflichtdenken ist dem Streben nach Selbstverwirklichung und dem Hedonismus gewichen, ein Folge der 1960er Jahre?

Der Begriff der 68er ist problematisch, beschreibt er doch nur einen Teil der Jugendkultur, die sich über die 1960er Jahre hinweg entwickelte. Bruns und Böhme halten sich mit solchen Feinheiten aber nicht lange auf, und so muten denn ihre Thesen auch allzu plakativ an. Eine sehr differenzierte soziologisch-historische Analyse der 1960er Jahre hat Detlef Siegfried (2006) unter dem Titel »Time Is on My Side« vorgelegt. Der Titel greift einen Song der Rolling Stones auf, der die optimistische, auf Veränderung gerichtete Grundhaltung der damaligen jugendkulturellen Bewegung auf den Punkt bringt. Dabei wird deutlich, dass der Begriff der 68er, der ja nur den politisch aktiven Teil einer viel umfassenderen Bewegung meint, eher als Symbol für den Zeitgeist zu sehen ist. Siegfried analysiert diese Bewegung im Kontext der gesellschaftlichen Entwicklung, die er als Aufbruch in die Postmoderne kennzeichnet. Neben dem kulturellen Umbruch in dieser Zeit, wie er in der neuen Musik- und Popkultur sichtbar wurde, und der Politisierung eines Teils der Jugendlichen sind die 1960er Jahre durch eine beispiellose wirtschaftliche Entwicklung gekennzeichnet, an der ein großer Teil der Bevölkerung einschließlich der Jugendlichen Teil hatte. Der Prozentsatz des Einkommens, der für Ernährung ausgegeben werden musste, sank, während der Anteil für Transport, Kommunikation und Freizeit anstieg. Wie weitreichend die Veränderungen waren und die Menschen verändert hat zeigen Umfrageergebnisse aus den 1960er Jahren, denen zufolge die Bundesbürger nun eher bereit waren, die Notwendigkeit von Konflikten anzuerkennen. Sie erlebten es positiver, mit widersprüchlichen Informationen und Meinungen umzugehen, eigenständig abzuwägen und entscheiden zu müssen. Dieses Aufbrechen der einschränkenden Konventionen des Verzichts und des Gehorsams sowie der moralischen Wertvorstellungen hatte einen Teil der jüngeren Generation in besonderer Weise erfasst, ja sie wurden zu Vorreitern dieser Veränderungen, die sie in zahlreiche Initiativen und Projekte, Selbsthilfegruppen und Wohngemeinschaften führten. Dort konnten sie eine größere Offenheit und die Bereitschaft erproben, Konflikte auszutragen und Beziehungen zu gestalten, Erfahrungen also, die ihnen im Alter zugute kommen können.

Diese Generation befindet sich am Beginn eines neuen Lebensabschnitts oder noch in jenen Jahren des Alterns, in denen ohnehin noch zahlreiche Möglichkeiten bestehen, das Leben zu gestalten, und sie sind vermutlich besser darauf vorbereitet als vorherige Generationen. Die Postmoderne hat sie bereits geprägt, und ihre vielfältigen Aktivitäten und die größere Selbstständigkeit, die sie dadurch gewonnen haben, die bessere Bildung und ihr besserer Gesundheitszustand mögen ihnen manches erleichtern. Bereits heute ist in psychotherapeutischen Behandlungen zu bemerken, dass jetzige ältere Menschen in manchen Bereichen andere Einstellungen und Erwartungen an den Tag legen und eher bereit sind, sich ihren Konflikten zu stellen, als ihre Vorgängergeneration. Insofern mögen auch Bruns und Böhme recht behalten, dass sich diese Generation etwas von dem optimistischen Zeitgeist, der in dem Song der Rolling Stones zum Ausdruck gebracht wurde, erhalten hat oder wiederbeleben kann, so dass das Zerrbild des Alters, das dieses als bloße Restlebenszeit erscheinen lässt, weiter in Frage gestellt wird.

Und dennoch stellt sich die Frage, ob die 68er so ohne weiteres zu den früheren Idealen zurückkehren und den alten Elan neu entfachen können. Der damalige Aufbruch zum »Marsch durch Institutionen«, oder besser zum »Marsch durchs Leben«, hat auch sie nicht unbeeinflusst gelassen, und manche Ernüchterung hat die Ideale in einem anderen Licht erscheinen und ein anderes Lebensgefühl entstehen lassen. Ist es nicht besonders diese Generation, die sich saturiert in ihrem Leben eingerichtet hat und die vielleicht auch im Alter Ansprüche an ihr individuelles Glück stellt? Es handelt sich ja um eine materiell im Allgemeinen besonders gut gestellte Generation, und es bleibt die Frage, ob sie mehr im Auge haben werden als zu reisen und zu konsumieren. Wird das aber ausreichen, ein Altersbild zu schaffen und zu prägen, das über die jetzt schon geläufigen Begriffe vom »Happy Aging«, von den »Best Agers«, den »Golden Agers« oder den »Woopies«, also den »well-off older people« hinausgeht? Wenn diese Begriffe zukünftig die neue Alterswirklichkeit kennzeichnen sollten, dann wäre zwar das bisherige negative Altersstereotyp auf den Kopf gestellt, an dessen Einseitigkeit aber hätte sich nichts verändert. Im Hinblick auf eine differenzierte Vorstellung vom Altern und der Möglichkeit einer reflektierten Einstellung zum Leben wäre nichts gewonnen.

Hinzu kommt, dass diese Generation eine Last zu tragen hat, die schon den damaligen Protest mit hervorgerufen hatte, der sich doch auch als Protest gegen die »vaterlose Gesellschaft« verstanden hatte. In dem Aufbegehren kam ja auch der Vorwurf zum Ausdruck, dass die Vätergeneration aufgrund ihrer Verantwortung, die sie für die deutsche Katastrophe trug, versagt hatte und nicht als Vorbild taugte. Es war aber nicht nur die Schuldfrage, die dabei von Bedeutung war. Psychologisch ebenso einflussreich war die Erfahrung vieler Mitglieder dieser Generation, dass sie in ihrer frühen Entwicklung entweder ganz ohne Vater auskommen mussten, weil dieser im Krieg geblieben war, oder sie mit einem Vater konfrontiert wurden, der gedemütigt, vielfach traumatisiert und durch Hunger und Not geprägt aus dem Krieg oder aus der Kriegsgefangenschaft heimkehrte. Es sind die *Söhne ohne Väter,* so der Titel des Buches, das der Schriftsteller Hermann Schulz, der Psychoanalytiker Hartmut Radebold und der Historiker Jürgen Reulecke (2005), basierend auf Interviews, geschrieben haben, die einen Teil dieser Generation bilden. Die Autoren schildern darin, was es bedeutet hat, ohne positive Vatererfahrung durchs Leben zu gehen und vor allem ohne eine solche Erfahrung alt zu werden. Das Fehlen dieser Erfahrung schlägt sich nicht mehr in gesellschaftlichem Protest nieder, wohl aber in dem Gefühl des Mangels an einem persönlichen Vorbild, ein Gefühl, das gerade im Alter noch einmal spürbar werden kann, wenn die inneren Begleiter so wichtig werden, um das psychische Gleichgewicht zu wahren.

Auch wenn Angehörige dieser Generation eintretende Defizite noch durch zahlreiche Aktivitäten kompensieren können, so stellt sich doch die Frage, wie sie reagieren werden, wenn sie das betagte Alter mit seinen zahlreichen Einschränkungen erreichen. Werden sie dann tatsächlich anders damit umgehen als die Vorgängergeneration, wird ihnen ihre gewachsene Selbstständigkeit dann noch zugute kommen, die Last des hohen Alters zu tragen? Werden sie auch über die Fähigkeit verfügen, Grenzen zu akzeptieren und das hierzu erforderliche Maß an Demut aufbringen? Diese Tugend ist aus der Mode gekommen in einer Zeit der unbegrenzten Möglichkeiten, und doch wird sie im Alter verlangt, weil es Dinge gibt, die nicht mehr zu ändern und auch nicht nachzuholen sind. Man könnte auch von der Fähigkeit zur Hinnahme sprechen; etwas akzeptieren, ohne dabei zu resignieren, das ist die eigentliche Kunst des Alterns.

3.8 Vom Anti-Aging zur Aneignung des Alters – Das Theater der Seele

Wir finden also eine Fülle von Argumenten, die eine kritische Haltung gegenüber dem Anti-Aging untermauern. Das Anti-Aging richtet sich gegen etwas letztlich nicht zu Verhinderndes, damit wird es zur Sisyphusarbeit. Der Versuch, etwas beseitigen zu wollen, das fundamental zu unserer Existenz gehört, mündet in eine innere Entfremdung, so wie jede Identifikation mit einer Ideologie den Menschen von sich selbst entfernt. Ältere Menschen sind verführbar, weil Altern mit Unbehagen verbunden ist und den Wunsch nach äußerem Halt hervorbringt. Diesen im Anti-Aging zu suchen führt jedoch in eine ähnliche Sackgasse wie die Identifikation mit einem negativen Altersstereotyp, das eine Anpassung an gängige, restriktive, die Lebensmöglichkeiten einschränkende Normen, Wertvorstellungen und Bilder bewirkt.

Der ältere Mensch kommt nicht umhin, sich das Alter zu eigen zu machen, doch wie kann das gehen? Das Alter selbst macht es uns nicht leicht, es empfängt uns nicht mit Versprechen, die zum Aufbruch drängen, so wie das Kind mit Ungeduld darauf wartet, zum Jugendlichen, und der Jugendliche zum Erwachsenen zu werden. Es bietet von sich aus keinen Sinn an, der in ihm enthalten wäre, es enthält nur den Sinn, den wir selbst in es hineinlegen. Nur die aktive, selbstverantwortliche Auseinandersetzung mit diesem Lebensabschnitt verspricht Lebenssinn und Lebensfülle. Mit Aneignung ist keineswegs passive Hinnahme oder schicksalhaftes Sich-Ergeben gemeint. Aneignung ist ein aktiver Prozess, der eine lernende Auseinandersetzung umfasst, der darauf abzielt, etwas kennen zu lernen, um es sich zu eigen zu machen. Es zählt zu den grundlegenden Einsichten der Psychotherapie, das, was man verändern möchte, zunächst einmal annehmen zu müssen. Dies mag paradox klingen, jedoch gerät nur dasjenige, was wir annehmen auch in unseren Einflussbereich. Alles andere läuft auf Ablehnung, Ausgrenzung und Verleugnung hinaus. Doch alles, was wir verleugnen, droht uns früher oder später einzuholen und umso härter zu treffen. Es kommt darauf an, auch das, was uns unangenehm erscheint, anzuerkennen, es unserem Erfahrungsschatz hinzuzufügen und mit unserem bisherigen Leben zu verknüpfen, es also gewissermaßen zu einem Teil unserer Identität werden zu lassen. Wir verändern im Zuge eines solchen Prozesses einerseits unser Selbstbild, doch ebenso verändern sich unser Bild vom Alter und unser Umgang mit ihm. Alter bleibt nicht etwas Äußerliches, sondern wird zu einem Teil von uns. Damit haben wir die Chance, unsere eigene Altersidentität zu gewinnen, unseren Umgang mit der vielschichtigen Aufgabe des Alterns zu finden.

Heute ist viel von Ganzheitlichkeit die Rede, womit zum Ausdruck gebracht werden soll, dass man sich der Komplexität einer Sache bewusst ist. Gemeint ist bei dieser Vorstellung, die auch dem vorn erläuterten Gesundheitsbegriff zugrunde liegt, die Berücksichtigung körperlicher, psychischer und sozialer Aspekte. Das Anti-Aging, das sich fast ausschließlich um körperliche Aspekte kümmert, bleibt hinter dieser, in den modernen Gesundheitswissenschaften heutzutage etablierten Sichtweise weit zurück. Dennoch haftet dieser Auffassung von Ganzheitlichkeit etwas Starres und Schematisches an. Ich möchte deshalb einen offeneren, mehr dynamischen Begriff von Ganzheitlichkeit vorschlagen, der hilft, meine Vorstellung von Aneignung zu veranschaulichen. Das Bild der Bühne, das die Psychoanalytikerin Joyce McDougall (1988) in ihrem Buch »Theater der Seele« als Metapher zur Beschreibung des Seelenlebens benutzte hatte, bietet eine Hilfestellung. Jeder von uns, so schreibt sie, beherbergt im Universum seines Inneren eine Reihe von »Charakteren«, von Teilen seiner selbst, die häufig in Widerspruch zueinander stehen und mit denen wir dennoch einen Umgang zu finden haben. Das wird manchmal zum Problem, suchen doch die inneren Charaktere ständig nach einer Bühne zur Aufführung, um an dem Lebenstheater mitzuwirken und die Tragödien und Komödien mitzugestalten. Dem Ich fällt, um mit Nietzsche zu sprechen, nun die Rolle zu, zum Regisseur seiner Lebensimpulse oder zum Dirigenten seines Stimmengewirrs zu werden. Mit Beginn des Alters, so könnte man das Bild erweitern, müssen die Regieanweisungen verändert werden, da neue Mitspieler auf der Bühne erscheinen. Dies erweist sich in der Regel als schwierig, da das Alter als neuer Mitspieler nicht ohne weiteres zu erkennen ist und in sehr unterschiedlichem Gewande daher kommen kann. Oft, aber keineswegs immer sind es zunächst die körperlichen Signale, die ja keine Sprache haben und deshalb leicht unerkannt bleiben, aber dennoch dem Spielgeschehen ihren Stempel aufdrücken können. Wie auch immer sich der neue Mitspieler bemerkbar macht, ob er sich sogleich in den Vordergrund drängt oder eher am Rande, im Schatten des Bühnenlichts verbleibt, so kann sich doch das Stimmengewirr auf der Bühne vermehren und das Spielgeschehen einen anderen Verlauf nehmen. Um diesen neuen Mitspieler – oft sind es ja gleich mehrere – integrieren zu können, müssen vielleicht andere in den Hintergrund rücken oder ganz die Bühne verlassen, so wie Abschied und Trauer zu jedem Alternsprozess gehören. Indem sich die Regieanweisungen verändern und die Bühne neu ausgeleuchtet wird, können aber auch innere Charaktere mehr ins Blickfeld rücken, die bisher im Bühnenhintergrund verblieben waren, vielleicht treten in Begleitung des Alters sogar weitere neue Mitspieler auf, die das Spielgeschehen bereichern und ihm neue Lebendigkeit und Spannung verleihen können. Es kommt darauf an, ob es dem Dirigenten gelingt, das Stimmengewirr zu koordinieren und zu einem Chor zu vereinen, vielleicht zu einem mehrstimmigen, und dem Handlungsverlauf eine sinnhafte Richtung zu geben. Dann wäre das erreicht, was mit Aneignung gemeint ist, und das Spiel kann weiter gehen, bis der Vorhang am Ende des Lebens für immer fällt.

4 Wege zu einer Aneignung des Alterns

4.1 Vom körperlichen zum ganzheitlichen Altern

4.1.1 Gesundheitliche Risiken abwenden – Nur noch eine Zigarette …

Sigmund Freud stand der so hoch bewerteten Vernunft des Menschen äußerst skeptisch gegenüber. Er entwarf ein Bild vom Menschen als triebgesteuertes, gefühlsbetontes Wesen, und auch wenn Freud sich mehr für die damit verbundenen Konflikte interessierte, so sind es doch vor allem diese Eigenschaften, die Lebensfreude und Lebenszufriedenheit verheißen. Alle uns bewegenden und prägenden Momente im Leben sind mit Gefühlen verbunden, sie sind es, die dem Leben einen tieferen Sinn verleihen. Doch wie immer im Leben gibt es auch eine Schattenseite. Nicht nur, dass uns das Gefühlsleben manchmal ins Unglück stürzt und wir mühsam um eine innere Balance ringen müssen. Triebe und Gefühle stehen auch oft genug unserer Rationalität entgegen und verhindern, dass wir uns mit Einsichten konfrontieren, die für unser Leben von Bedeutung sein könnten. Auch erschweren sie häufig vorausschauendes, planendes Denken, verleiten uns zu Kurzsichtigkeit und verführen uns, allein den Genuss des Augenblicks im Sinn zu haben. Wir befinden uns mitten in dem Konflikt zwischen kurzfristiger Bedürfnisbefriedigung und längerfristiger Vorausschau. Letztere würde uns sofort davon überzeugen, Rauchen, Übergewicht und allzu viel Alkohol als schädlich zu erkennen und davon abzulassen. Doch eine solche Verzichtsleistung, die dem vorausschauenden Denken geschuldet wäre, fällt dem Menschen schwer, bedeutet sie doch Verzicht auf kurzfristigen Genuss. Um uns aus diesem Konflikt zu befreien, erfinden wir dann alle möglichen rechtfertigenden Argumente, ja manchmal schotten wir uns ab und möchten Dinge erst gar nicht so genau wissen. Doch die wissenschaftlichen Befunde sind ziemlich gnadenlos und lassen keinen Zweifel aufkommen.

Das Alter ist Teil des gesamten Lebens, und in welcher Weise wir es erreichen, hängt wesentlich davon ab, wie wir zuvor gelebt haben. Wenn wir Raubbau mit unserem Körper betrieben haben, ihn wenig gepflegt und wenig für ihn gesorgt haben, werden wir mit großer Wahrscheinlichkeit im Alter den Preis dafür bezahlen. Einige besonders schädliche Faktoren lassen sich konkret benennen: Raucher müssen im Alter die negativen Folgen tragen. Sie nehmen nicht nur körperliches Unwohlsein, morgendliches Dauerhusten, schlechten Atem und gelbe Zähne in Kauf, der Raucher erträgt auch eine vom Rauch durchdrungene Wohnung, die kaum dem eigenen Wohlbefinden dient. Darin mag sich ein hart gesottener, alt gewordener Raucher eingerichtet haben, für ihn ist das Rauchen eventuell noch mit der Aufbruchstimmung der 1950er Jahre verbunden, als das Wirtschaftwunder seinen Aufschwung erfuhr und es noch als galant galt, der Dame Feuer zu reichen. Rauchen war noch Teil der Kultur, wie alle Filme der 1950er und 1960er Jahre verraten. Noch in den 1970er Jahren konnte Reinhard Mey singen: »Was ich noch zu sagen hätte, dauert eine Zigarette und ein letztes Glas im Stehen«. Doch die Zigarette hat als Symbol ausgedient. Und wenn der morgendliche Husten fast unerträglich wird und das Atmen immer größere Mühen erfordert, mag sich vielleicht auch der gealterte Raucher eingestehen, was er bislang wusste, aber doch irgendwie nicht so ernst genommen hatte, nämlich dass Rauchen durch die ständige Giftzufuhr für einen beschleunigten Altersabbau verantwortlich ist. Man erkennt dies auf den ersten Blick am fahlgrauen-gelblichen Hautkolorit, für den gewebezerstörende Enzyme verantwortlich sind; Rauchen treibt die Hautalterung voran. Doch damit nicht genug, neben den zahlreichen Schadstoffen wie Nikotin, verschiedenen Gasen und krebsauslösenden Stoffen ist es die erhöhte Bildung freier Radikale (Kolenda, 2006), die das Altern beschleunigen. So haben 40-Jährige mitunter eine Lungenfunktion, wie man sie einem 80-Jährigen zubilligen würde, auch wenn Kurzatmigkeit nur eine von zahlreichen negativen Folgen ist. Aber zusammen mit beispielsweise schlecht durchbluteten Beinen

können sie den Lebensradius reduzieren und damit zu einem einge-
schränkten Alter führen.

Ein durch Rauchen beschleunigtes Altern reduziert die Lebenserwartung in erheblichem Maße. Eine englische Studie (Doll et al.,
2004) ist diesbezüglich besonders aussagekräftig, weil sie bereits im
Jahre 1951 begonnen wurde und über 30.000 britische Ärzte über
einen langen Zeitraum erfasst hat. Von den Nichtrauchern lebten im
Alter von 70 Jahren rund 80 %, von den Rauchern nur 60 %, im Alter
von 90 Jahren waren es 25 % bzw. 5 %. Die drohende Verkürzung der
Lebenserwartung mag den Raucher nicht schrecken, kann er doch
darauf hoffen, zu denen zu gehören, die trotz Rauchens alt werden, er
baut also seine Verleugnung auf den Einzelbeispielen auf, die wir
wahrscheinlich alle aus unserer eigenen Umgebung kennen. Mit
diesen Beispielen identifiziert sich der Raucher und gewinnt das
Gefühl, zu diesen besonders widerstandsfähigen Menschen zu zählen.
Er lebt dann mit einem Selbstbild, das ihn aus der Masse hervorhebt.
Darin liegt ein wesentlicher Grund, warum die Abschreckungskam-
pagnen nur eine so begrenzte Wirkung haben. Doch die Wahrheit ist
eine andere, jeder Raucher sollte sich im Klaren sein, dass er einer
Einbuße an Lebensqualität kaum entkommen wird und seine Sucht
mit einem hohen Krankheitsrisiko bezahlt. Herz-Kreislauf-Erkrankungen und zahlreiche Arten von Krebs, also keineswegs nur Lun-
genkrebs, hängen ebenso aufs engste mit Rauchen zusammen wie
Atemwegserkrankungen und Verschlusserkrankungen, etwa der ge-
fürchtete Schlaganfall. Der Verzicht auf Tabak zählt ohne Zweifel zu
den wirksamsten Möglichkeiten, den Alterungsprozess zu verlangsamen und die Lebensqualität auch im letzten Lebensdrittel hochzu-
halten.

Oft wird auch die Frage gestellt, ob es sich auch im fortgeschrittenen Alter noch lohnt, das Rauchen aufzugeben – eine Frage, die
eindeutig zu bejahen ist. Erste positive Folgen stellen sich bereits in
den ersten Stunden der Abstinenz ein: Blutdruck und Puls sowie die
Sauerstoffsättigung im Blut normalisieren sich, die Durchblutung
verbessert sich ebenso wie Geschmacks- und Geruchssinn, und bereits
48 Stunden nach Beginn der Abstinenz ist kein Nikotin im Körper
mehr nachweisbar. Man kann also davon ausgehen, dass sich das
körperliche Wohlbefinden unmittelbar verbessert. Aber auch das
Krankheits- und Mortalitätsrisiko verringern sich.

»Endlich Nichtraucher«

Das Buch »Endlich Nichtraucher« von Allen Carr (1998) ist zu einem Bestseller geworden, weil die Bereitschaft, ja der Wunsch gewachsen ist, das Rauchen aufzugeben, und weil es einen anderen Weg einschlägt als herkömmliche Raucherentwöhnungsprogramme. Carr geht von der Frage aus, warum ein intelligentes menschliches Wesen es in Kauf nimmt, sich als Trottel zu fühlen und mit Selbstverachtung zu strafen, wie das fast alle Raucher tun, weil das, was sich der Raucher an positiven Wirkungen des Rauchens einredet, wie Genuss, Entspannung, eine Energiespritze, pure Illusion sei. Im Gegensatz zu üblichen Raucherentwöhnungsprogrammen vermeidet Carr es, die schrecklichen Folgen des Rauchens aufzuzeigen, sondern geht von der unangenehmen Wahrheit aus, das Rauchen absolut überhaupt nichts bringt. »Warum tue ich das eigentlich?«, so seine Ausgangsfrage. Das Ziel seines Programms besteht nun darin, zu erkennen, dass Rauchen nur die Illusion von innerer Gelassenheit, Ruhe und Selbstsicherheit bringt, Zustände, deren sich der Nichtraucher die ganze Zeit über erfreue. Der Raucher verspiele hingegen im Leben Gesundheit, Energie, Wohlhabenheit, Selbstachtung und manches mehr. Zigaretten füllen keine Leere, so seine Botschaft, sie schaffen sie. Es geht ihm also um eine Wiedergewinnung von Freiheit, und damit ist er sehr erfolgreich gewesen.

Die Ergebnisse der erwähnten englischen Studie zeigen, dass Personen, die das Rauchen zwischen dem 35 und 44 Lebensjahr beendeten mit 70 Jahren fast die Überlebensrate der Nichtraucher erreichten. Wurde das Rauchen später aufgegeben, war das Ergebnis zwar nicht mehr ganz so günstig, aber der Unterschied blieb nachweisbar. Dabei ist allerdings zu berücksichtigen, dass das Risiko für Herz-Kreislauf-Erkrankungen deutlich rascher sinkt als für Krebserkrankungen. Dennoch, es lohnt sich immer.

Ebenso wie beim Rauchen verhält es sich, wenn Alkohol im Leben eine allzu große Rolle gespielt hat, auch dann sind im Alter ähnlich negative Folgen zu erwarten. Die Tatsache, dass die Prävalenzrate – das heißt die Anzahl zu einem bestimmten Zeitpunkt – von Alkoholikern im Alter geringer ist als in jüngeren Jahren, ist vermutlich allein darauf zurückzuführen, dass Alkoholiker nicht alt werden, sondern früher sterben. Das Maß an negativen Folgen hängt allerdings von der Menge des konsumierten Alkohols ab. Die meisten Studien fanden nämlich einen umgekehrt U-förmigen Verlauf, das bedeutet, bei geringem oder mäßigem Alkoholkonsum verlängert sich die Lebenserwartung, aber bei erheblichem Konsum sinkt sie dramatisch ab (Maurer u. Seitz, 2005). Ein lebensverlängernder Effekt bei mäßigem Konsum scheint sich vor allem dann einzustellen, wenn koronare Risikofaktoren vorliegen. Zu berücksichtigen ist allerdings, dass die Einschätzung dessen, was als mäßig gilt, ohnehin häufig viel zu hoch angesetzt wird und im Alter reduziert werden muss, weil Ältere weniger Alkohol vertragen. Dauerhaft zu hoher Alkoholkonsum aber hat zahlreiche negative Einflüsse etwa auf Stoffwechselerkrankungen wie Diabetes, kardiovaskuläre Erkrankungen wie etwa Bluthochdruck, Schlaganfall und auch Krebserkrankungen, also auf zahlreiche jener Erkrankungen, die im Alter an Häufigkeit zunehmen. Übermäßiger Alkoholkonsum beschneidet die Lebensmöglichkeiten in drastischer Form.

Als dritter großer Risikofaktor kann das Übergewicht angesehen werden. Mehr als die Hälfte der Erwachsenen haben Übergewicht oder leiden an Adipositas (Fettsucht), und diese Zahl nimmt in der zweiten Lebenshälfte dramatisch zu, um allerdings ab etwa 65 Jahren allmählich wieder abzusinken. Nur 15 % der Adipösen haben eine normale Lebenserwartung; adipöse Nichtraucher um 40 Jahre verloren zwischen 7,1 (Frauen) und 5,8 (Männer) Jahren an Lebenserwartung. Eine weit drastischere Abnahme war bei rauchenden Adipösen festzustellen (Gola, 2005). Auch Übergewicht zieht wie das Rauchen und der Alkohol zahlreiche Krankheiten nach sich und verringert die Lebensqualität im Alter in erheblicher Weise. Dieses Problem wird sich aufgrund des wachsenden Übergewichts bei Kindern und Jugendlichen vermutlich zukünftig weiter ausweiten. Der Anteil Adipöser steigt besonders in den USA stark an, waren 1990 noch 56 % aller Amerikaner übergewichtig und 23 % adipös, waren es 10 Jahre später bereits 63 % bzw. 31 %. Diese Entwicklung ist dafür verantwortlich, dass die Lebenserwartung in den Vereinigten Staaten in den letzten Jahren kaum noch ansteigt. Bezieht man die Zunahme der Gewichtsprobleme bei Kindern und Jugendlichen mit ein, dann scheint die Tendenz, dass Ältere immer gesünder in ein höheres Lebensalter kommen und sich die Lebenserwartung immer weiter verlängert, für die Zukunft in den USA, aber nicht nur dort, fraglich zu sein.

Die beschriebenen Risikofaktoren sind Teil unserer Kultur und fest in unserer Lebensweise verankert, was eine durchgreifende Veränderung kaum erwarten lässt. Es handelt sich durchweg um Suchtfaktoren, was wiederum kritische Fragen im Hinblick auf unsere Lebensweise aufwirft. Andererseits handelt es sich um Gewohnheiten, auf die jeder Einzelne Einfluss nehmen kann, um die Chancen auf ein gesundes Altern zu verbessern. Wenn ich eingangs davon gesprochen habe, dass damit eine Verzichtsleistung verbunden ist, so mag dies auf den ersten Blick tatsächlich so erscheinen. Doch der zu erzielende Gewinn ist viel größer, zumal der Lustgewinn, der mit den genannten Suchtfaktoren angeblich verbunden ist, meist weniger Genuss denn Entlastung ist, die jedoch kaum über den Augenblick hinaus reicht. Gleichzeitig verengt die Sucht den Blick, sie zieht Aufmerksamkeit ab, schränkt die Aufnahmebereitschaft ein und reduziert dadurch die Möglichkeiten des Alters.

4.1.2 Mit Hormonen gegen das Alter? – Die ewige Suche nach dem Jungbrunnen

Wir nähern uns dem Herzstück der Anti-Aging-Medizin, dass die Herzen ihrer Protagonisten schneller schlagen lässt: dem Thema Hormone, also jenen Energiequellen des Lebens, die im Alter zu versiegen drohen und die die Anti-Aging-Experten neu zum Sprudeln bringen möchten. Dieses Sprudelbad soll den lang ersehnten Jungbrunnen, wie ihn Lucas Cranach der Ältere 1546 in seinem Gemälde als Sinnbild für Unsterblichkeit und ewige Jugend dargestellt hat, endlich verwirklichen. Es geht also nicht mehr um ein besseres Altern, sondern um dessen Vermeidung. »Kehren sie den Alternsprozess um«, »das Ende des Alterns«, so lauten die frohen Botschaften. Ist das alterslose Leben also greifbar nahe, was steckt hinter dieser Botschaft und was ist davon zu halten?

Doping im Alltag – Lifestyle-Medikamente

Die missbräuchliche Einnahme von Medikamenten ohne klare medizinische Indikation scheint unaufhörlich zuzunehmen. In diesem Zusammenhang wird heute der Begriff der Lifestyle-Medikamente verwendet. Doping findet also nicht nur im Hochleistungssport, sondern auch in der Hochleistungsgesellschaft statt. Mit Lifestyle-Medikamente sind Präparate gemeint, die allein mit dem Ziel eingenommen werden, das Ideal »positiver« Befindlichkeit zu erreichen, gewissermaßen als Doping fürs Leben. Während sogenannte Partydrogen wie Kokain oder Ecstasy eher in bestimmten Kreisen en vouge sind, finden andere Präparate eine zunehmende Verbreitung weit darüber hinaus. So werden pflanzliche Medikamente wie Johanniskraut, aber auch Antidepressiva wie Fluoxetin zunehmend häufig ohne spezifische Indikation, sondern allein zur Stimmungsverbesserung eingenommen. Auch hier ist die Entwicklung in den USA noch rasanter fortgeschritten, wo die Einnahme von Antidepressiva häufig recht unbedenklich erfolgt. Die Bereitschaft, Hormone gegen das Alter zu nehmen, ist auch in diesem größeren Zusammenhang zu sehen (Harth et al., 2003).

Hormone werden in der Anti-Aging-Medizin als die Botenstoffe der Jugend betrachtet, weil sie ihre größte Wirkung in der ersten Lebenshälfte entfalten und in der zweiten Lebenshälfte einen rapiden Abfall erleben. Am drastischsten und deutlichsten sichtbar ist dies bei den Sexualhormonen, insbesondere beim Östrogen der Frau, das in der Menopause innerhalb sehr kurzer Zeit fast auf Null sinkt. Doch auch das Testosteron beim Mann unterliegt einem deutlichen Rückgang, wenn auch nicht in dieser dramatischen Form. Ab dem 40. Lebensjahr ist jedoch ein so deutlicher Abbau festzustellen, dass heute auch über eine »Andropause« beim Mann diskutiert wird. Doch die Anti-Aging-Medizin beschäftigt sich eher am Rande mit den Sexualhormonen, es sind vor allem andere Hormone, denen wahre Wunderdinge zugeschrieben werden. Als königliches Anti-Aging-Hormon gilt seit geraumer Zeit das Wachstumshormon Somatotropin, das in der Hirnanhangdrüse produziert wird. Es wird in der Tiermast und im Leistungssport missbräuchlich eingesetzt, beim

Menschen wird es bei kleinwüchsigen und solchen Menschen verordnet, die ein nachgewiesenes Hormondefizit haben, also einem engen Indikationsbereich. Was liegt nun näher als der Versuch, es zur Beeinflussung von Alternsprozessen einzusetzen – ist es doch in jungen Jahren für das Wachstum zuständig, warum dann nicht auch im Alter? Der Somatotropinspiegel sinkt im Alter und beträgt bei 60-Jährigen lediglich ein Viertel im Vergleich zu einem 20-Jährigen. Durch die Einnahme des Somatotropins lasse sich eine Verjüngung um 20 Jahre bewirken, so die Verheißung. Doch wie begründet sind diese Versprechungen? In einer Auswertung bisher vorliegender Studien an älteren Menschen wird berichtet, dass die altersübliche Verschiebung des Anteils an Muskel- und Fettgewebe umgekehrt werden konnte, das heißt, die Muskelmasse stieg an, während der Fettanteil fiel. Doch die Enttäuschung folgte auf dem Fuße, denn trotz der Zunahme an Muskelmasse war kein funktioneller Nutzen festzustellen. Weder bei einer Ergometerprüfung noch einer Messung der Muskelkraft oder einer Lungenfunktionsprüfung konnte ein Vorteil festgestellt werden, der Effekt blieb rein äußerlich. In einer Studie, in der die Wirkung des Wachstumshormons und eines körperlichen Trainings geprüft wurde, konnte kein über den alleinigen Effekt des Trainings erkennbarer Kraftzuwachs festgestellt werden. Mehr noch, die Studien zeigten eine hohe Nebenwirkungsrate wie Gynäkomastie, also Brustentwicklung bei Männern, oder Diabetes mellitus (Strasburger et al., 2002).

Auch für andere in der Anti-Aging-Literatur empfohlene Hormone wie das DHEA oder Melatonin konnten die positiven Prognosen nicht bestätigt werden. DHEA (Dehydroepiandrosteron) gilt als Power-Hormon, dem zahlreiche positive Eigenschaften nachgesagt werden, die von Verjüngung über Vitalitätssteigerung bis zu Potenzförderung reichen. Bei einem 50-Jährigen liegt der Serumspiegel nur noch bei 10 – 50 % des Wertes in jungen Jahren. Wie stark der Spiegel abfällt, ist aber nicht nur eine Frage des Alters, sondern auch der Lebensführung. Bisherige Untersuchungsergebnisse lassen sich so zusammenfassen, dass bei eingeschränkter Befindlichkeit DHEA sich positiv auf Ängste und Depressionen auswirkt, liegt aber keine Einschränkung des Befindens vor, bleibt es unwirksam. Die Gabe von DHEA allein aufgrund des altersabhängigen niedrigen Hormonspiegels erscheint somit nicht sinnvoll. Und auch hier gilt, dass die langfristigen Folgen der Einnahme bisher nicht geklärt sind, auch wenn kurzfristig keine negativen Nebenwirkungen zu beobachten waren. Ähnlich verhält es sich mit Melatonin, dem »Boten der Nacht«, wie es genannt wird, weil es nur im Schlaf produziert wird und vor allem für die Koordination der Biorhythmen zuständig ist. Da die Melatoninabnahme mit der Zunahme der Schlafstörungen im Alter einhergeht, lag der Versuch nahe, es als Schlafmittel zu nutzen. In diesem engen Indikationsbereich wird es in der ärztlichen Praxis mit Erfolg eingesetzt. Seine Berühmtheit als Jungbrunnen ist jedoch äußerst zweifelhaft. Diese Eigenschaft wurde ihm unterstellt, weil es den Energieverbrauch in der Nacht absenkt und damit als Radikalenfänger gilt, weshalb ihm eine lebensverlängernde Wirkung zugeschrieben wurde. Doch bisher kann dies durch keine seriöse Studie belegt werden (Jockenhövel et al., 2001).

Während nun in den USA die Hormonersatztherapie bereits weit verbreitet ist und Hormonpräparate im Supermarkt erhältlich sind, ist bei uns viel größere Zurückhaltung zu beobachten. Dennoch sollte das Problem nicht unterschätzt werden, denn obwohl der freie Verkauf bei uns nicht erlaubt ist, kann sich heute jeder im Internet Hormone besorgen. Warum aber ist Vorsicht angebracht? Kurzfristig auftretende Nebenwirkungen konnten bereits nachgewiesen werden, aber es besteht auch der Verdacht längerfristig schädigender Wirkungen; so werden immer wieder Vermutungen geäußert, denen zufolge eine Hormonersatztherapie auch andere Zellen zum Wachstum anrege, beispielsweise auch Krebszellen. Mäuse, denen über längere Zeit Melatonin verabreicht wurden, hatten ein deutlich höheres Krebsrisiko, und auch das Wachstumshormon steht in diesem Verdacht. Bei Östrogen ist das Krebsrisiko inzwischen erwiesen, deshalb ist die Östrogengabe in den Wechseljahren inzwischen umstritten. Es fehlen Langzeitstudien, die hier Klarheit schaffen könnten. Im seriösen Zweig des Anti-Aging wird insgesamt darauf verwiesen, dass es sich bei Hormonen nicht um Wunderdrogen, sondern um Medikamente handelt und deshalb von einer indikationslosen Einnahme allein mit dem Ziel, wieder jugendliche Hormonwerte zu erreichen, dringend abgeraten wird (Heufelder, 2005). Fachleute empfehlen Hormone nur dann, wenn eindeutig ein Mangel in Bezug auf die alters- und geschlechtsbezogenen Normwerte vorliegt. Aber auch dabei wird in ärztlichen Kreisen zur Vorsicht gemahnt, da die

Feststellung des Hormonspiegels wegen der großen Schwankungen schwierig ist. Zudem gibt es viele Einflüsse auf bestimmte Symptome wie Schlafstörungen, Vitalitätsverlust, Sexualstörungen, die dabei unberücksichtigt bleiben. Deshalb wird eine Hormongabe nur als Teil eines Bündels von Maßnahmen empfohlen.

Entgegen einer solchen Zurückhaltung gehen zahlreiche Anti-Aging-Institute recht forsch zu Werke und nutzen die Faszination, die zweifellos von Hormonen ausgeht. Zu verlockend scheint die Aussicht zu sein, durch die bloße Einnahme einer Pille dem Alter entgegentreten zu können. Der Mensch wird behandelt wie ein Auto: Wenn der Tank leer ist und das Auto stehen zu bleiben droht, muss eben Benzin nach gefüllt werden. Ein solch mechanistisches Denken erspart die Anstrengungen, die jede anders geartete Vorbereitung auf das Alter erfordert. Doch es scheint nicht nur einfach Benzin zu sein, das in den leeren Tank gefüllt wird, es kommen magische Kräfte ins Spiel, von denen seit Menschengedenken Unsterblichkeitspillen umgeben waren. Untermauert durch scheinbar objektives Wissen wird auf sie die Hoffnung auf Verjüngung projiziert; diese Hoffnung verdinglicht sich hier gewissermaßen und kann oral zu sich genommen werden. So findet die Illusion von ewiger Jugend buchstäblich ihre Nahrung. Man kann sich in dem Glauben wähnen, dem Alter aktiv begegnet zu sein und sich damit ein positives Gefühl verschafft zu haben, doch es bleibt eine Scheinaktivität.

Trotz der kritischen Einwände kann die Bedeutung von Hormonen natürlich nicht einfach beiseite geschoben werden. Das Problem liegt in der verkürzten und einseitigen Sicht, die einer ganzheitlichen Betrachtungsweise abträglich ist. So geben denn auch einige Anti-Aging-Experten die Devise aus: Machen Sie Ihre eigene Hormontherapie. Vorreiter ist der hierzulande bekannte Anti-Aging-Spezialist Ulrich Strunz (1999), für den Joggen das Allheilmittel ist. Tatsache ist, dass Sport und Bewegung die Hormonproduktion ankurbelt. Auch ein gesunder Schlaf ist unerlässlich, weil im Schlaf die Hormonproduktion ebenfalls gesteigert wird. Schließlich geht auch von der Sexualität eine wichtige hormonstimulierende Wirkung aus, so ist nach einem Orgasmus der Testosteronspiegel erhöht. Am Beispiel der Sexualität wird jedoch noch etwas anders sichtbar, nämlich die Überschätzung des Hormonstatus für die Verhaltenssteuerung. Interessant ist in diesem Zusammenhang der Befund, demzufolge die Frage, ob ältere Männer sexuell aktiv sind oder nicht, nur in bescheidenem Maße mit dem Testosteronstatus zusammenhängt. Verhalten ist eben vielschichtiger, als es manch populäre Darstellung glauben machen möchte. Die psychoendokrinologische Forschung befasst sich mit den komplexen Zusammenhängen zwischen Psyche und Hormonen und den vielschichtigen Rückkoppelungsprozessen zwischen beiden. Eindeutig erwiesen ist etwa der Einfluss des psychischen Erlebens auf das Immunsystem, und neuere Untersuchungen zeigen, dass das Ausmaß des Hormonabbaus im Alter ebenso psychisch beeinflusst ist. Wir stoßen hier auf eine Schwäche menschlichen Denkens, die darin besteht, komplexe Zusammenhänge zu vernachlässigen und zu einfachen, eindimensionalen Erklärungen Zuflucht zu nehmen. Psychoanalytiker sprechen in diesem Zusammenhang von Ich-Regression, also einem Rückfall auf frühere Entwicklungsstadien des Ich, zu der es besonders in heiklen oder brenzligen Situationen kommt. Das Alter ist solch eine heikle Situation, und da scheint eine besondere Anfälligkeit für einfache Erklärungen zu bestehen.

4.1.3 Essen Sie sich jung oder: Mutters Küche ist die beste

Wenn wir an Alter und Essen denken, so mag uns die folgende oder eine ähnliche Geschichte einfallen: Schon früh am morgen hat sich Frau B. wie so oft in die Küche zurückgezogen, um ihrem Mann dessen Lieblingsgericht zuzubereiten, das sie jetzt mit einem Gefühl von Zufriedenheit aufgetragen hat. Die braune Kruste des Schweinebratens hebt seine Laune, der Rotkohlduft war schon lange vorher durchs Haus gezogen und hatte seinen Appetit angeregt, während die Kartoffeln als Beilage keine besondere Beachtung erfahren. Besonders liebevoll ist der Tisch zwar nicht gedeckt, ein Getränk wird auch nicht gereicht, aber ihnen scheint es zu genügen. Beide nehmen schweigend ihre Mahlzeit zu sich, mehr als Akt der Routine, in der sich das Leben eingerichtet hat. Von außen betrachtet mag es wie erstarrtes Leben erscheinen, und auch die beiden Älteren sehen darin kein besonderes Ereignis, weder kulinarisch noch in anderer Hinsicht. Für sie hat es aber etwas Beruhigendes, dass es da neben den vielen Veränderungen im Alter etwas Vorhersehbares und immer Wiederkehrendes gibt. Es hilft ihnen, einen Rhythmus in ihrem Leben aufrechtzuerhalten, und dass das wichtig ist, empfinden sie vielleicht nicht bewusst, eher instinktiv, und handeln danach. Beide finden darin auch ein Stück Gemeinsamkeit, und gelegentlich entwickelt sich auch ein Gespräch. Und manchmal geht es in diesen Gesprächen darum, die Kinder und Enkelkinder wieder einmal zum Sonntagsessen einzuladen. Dann wird das alltägliche Ritual durchbrochen, eine weiße Tischdecke aufgelegt, und Frau B. kann wieder einmal in ihre angestammte Hausfrauenrolle schlüpfen, was sie nicht ungern tut. Kinder und Enkelkinder dürfen »Mutters Küche« genießen, und auch ihnen gefällt dies ab und an. Es lebt ein Stück Vergangenheit für kurze Zeit wieder auf, alte Geschichten werden ausgetauscht und die Enkelkinder dadurch in die Familiengeschichte eingebunden.

Bestimmte Gerichte haben eine hohe biographische Bedeutung, um sie ranken sich Erinnerungen, gute wie schlechte, jeder kann sich genau erinnern, welche Gerichte es in seiner Kindheit bevorzugt gab, welche er gern gegessen hat und welche er verabscheute, wer wo saß und welche Themen das Tischgespräch beherrschten. Essgewohnheiten schaffen Lebenskontinuität und generationenübergreifende Zusammenhänge. Kaum etwas anderes hat einen stärker Gemeinsamkeit stiftenden Charakter wie das gemeinsame Essen – Geburten, Hochzeiten, Geburtstage und Beerdigungen, alle Feste stehen in Verbindung mit einem gemeinsamen Mahl, und das in allen Kulturen (Müller, 2003). Die orale Verbundenheit zur Welt steht am Anfang des Lebens und schafft eine dauerhafte Basis, die bis ans Ende der Tage fortbesteht. Und so befasst sich denn auch unser Ehepaar bald mit der Frage, welches Menü denn am 50. Hochzeitstag die Gäste in eine stimmungsvolle und entspannte Zufriedenheit versetzen soll.

Doch werden sie bei ihrer Planung die Ratschläge der Ernährungsberater und Anti-Aging-Experten berücksichtigen? Auch unser Ehepaar mag davon gehört haben, ihnen ist nicht unbekannt, was Kalorien sind, und dass es sinnvoll ist, mehr Kohlenhydrate, Obst und Gemüse zu sich zu nehmen, und vielleicht ist ihnen auch eine Zeitschrift in die Hände gefallen, aus der sie erfahren haben, dass ungesättigte Fettsäuren, also etwa Olivenöl, den gesättigten, wie sie tierische Fette enthalten, vorzuziehen sind. Ob ihr Wissen allerdings auch so weit reicht, allzu große Mengen Zucker nicht nur deshalb zu meiden, weil er dick macht, sondern weil Insulin als Aging-Faktor gilt, ist fraglich. Auch die Tatsache, dass die ausreichende Zufuhr an Eiweißen insbesondere für einen wachen Geist im Alter sinnvoll ist, ist weniger bekannt. Dies alles genauer in einem Ernährungsratgeber oder einem Anti-Aging-Buch nachzulesen, auf diesen Gedanken ist unser Ehepaar nie gekommen. Auch hat ihr Wissen sie nie bewogen, ihre Essgewohnheiten zu überdenken oder etwa zu ändern, irgendwie hatten sie das Gefühl, dass es mit ihnen nichts zu tun hat. Die Botschaft »Essen Sie sich jung« hatte sie nicht erreicht, oder wenn, dann hatten sie doch das Gefühl, dass sie nicht zu ihnen passe. Sie hatten sich in ihrem Leben eingerichtet, und Altwerden gehörte dann eben dazu. Erreichen die Botschaften vom gesunden Essen die Älteren also gar nicht? Eine andere Geschichte macht deutlich, warum Ältere ihnen mit Distanz gegenüberstehen.

Eine jüngere Patientin berichtete mir ausführlich von ihrem von ihr sehr verehrten Vater, der aber offensichtlich ein eigenwilliger Mensch gewesen sein muss. Er war Soldat gewesen und habe nach Jahren der Kriegsgefangenschaft eines Tages nach einem langen Fußmarsch völlig ausgemergelt vor der Tür gestanden; er habe so verändert ausgesehen, dass die eigene Mutter ihn zunächst nicht wiedererkannt habe. Im Alter von 75 Jahren erlitt er einen Herzinfarkt. Die Tochter war zufälligerweise anwesend, als eine junge Ernährungsberaterin an sein Krankenbett trat, um ihn zu einer Gewichtsreduktion zu bewegen und ihn über gesündere Essgewohnheiten aufzuklären. Während die junge Frau sprach, habe der Vater völlig desinteressiert aus dem Fenster gesehen, sie selbst habe diese Missachtung als peinlich empfunden, auch die junge Frau habe bald irritiert gewirkt. Auf ihr Nachfragen hin habe der Vater schließlich gesagt: »Wissen Sie, junge Frau, ich habe einmal in meinem Leben gehungert, ich werde nie mehr hungern.«

Bestätigt sich also beim Thema Essen das häufig gezeichnete Bild, dass sich Ältere dem Neuen verschließen, finden wir hier etwas von dem, was umgangssprachlich als Altersstarrsinn bezeichnet wird? Wir sollten keine voreiligen Schlüsse ziehen, sondern eher einen zweiten, prüfenden Blick auf das nur scheinbar klare Bild werfen. Die Geschichte vom älteren Mann im Krankenhaus lässt sich noch etwas anders lesen, lässt er sich doch nicht einfach das nehmen, was ihm für seine Lebensqualität unverzichtbar erscheint. Die Tochter hatte ihn ohnehin als recht querköpfigen Mann beschrieben, der oft eigensinnig sein Ziel verfolgte. Und vermutlich ist es für einen solchen Mann nicht einfach, sich von einer jungen Ernährungsberaterin Ratschläge erteilen zu lassen. Die große Altersdifferenz wirkt hier als Barriere, die nur mit viel Geschick und Einfühlungsvermögen überbrückt werden kann. Zudem gehört die junge Ernährungsberaterin einer Generation an, die sich vermutlich in ihrem bisherigen, deutlich kürzeren Leben ungesünder ernährt hat als er selbst. Vielleicht hat auch sie schon mehr tierische Fette zu sich genommen als ein Angehöriger der älteren Generation, wenn man frühere Essgewohnheiten und die karge Kost in der Kriegs- und Nachkriegszeit berücksichtigt. Das macht nicht nur jede Ernährungsberatung schwierig, sondern lässt vor allem den Anti-Aging-Experten wenig Chancen, die diese Generation schon verloren gegeben haben.

Wir sollten die Bedeutung des Essens im Alter nicht auf gesundheitliche Zusammenhänge und das Auszählen von Kalorien oder Kohlenhydraten reduzieren. Essen ist weder nur eine Notwendigkeit, um zu überleben, noch allein ein Akt der Alltagsroutine. Essen ist ein orales, sinnliches und soziales Ereignis zugleich, und wenn alles zusammenkommt, kann es zu einer Bereicherung werden, kann es Festgefügtes und Erstarrtes aufbrechen und Leben in Schwingung versetzen. In dem Film »Babettes Fest« muss eine Köchin vor den Wirren der Französischen Revolution ins pietistische Dänemark auswandern. Sie findet in einem kleinen Dorf Unterschlupf und arbeitet als Haushälterin bei zwei Schwestern, die in Strenge und Entsagung ihr Leben führen. Dann kommt mit der Post die Nachricht, dass Babette in einer Lotterie gewonnen hat. Das ermutigt sie, ihren skeptischen Wirtinnen den Wunsch vorzutragen, einmal nach französischer Art für die ganze Gemeinde kochen zu dürfen. Und so macht sie sich ans Werk, lässt Unmengen an Weinen, Wachteln, Hühnern, ein Wildschwein, Pasteten und Käse, Pilze und Trüffeln sowie weitere verheißungsvolle Zutaten anliefern. Als dann der Tag gekommen ist, betreten die überwiegend älteren, dunkel gekleideten Dorfbewohner voller Skepsis und Argwohn den Wohnraum, in dem ein feierlich gedeckter Tisch auf sie wartet. Den Aperitif nehmen sie mit Widerwillen ein, doch als die erste Vorspeise aufgetragen wird, hellen sich die Mienen schon etwas auf, die Mundwinkel entspannen sich und erste vorsichtige Gespräche kommen in Gang. Und nun geschieht etwas Wunderliches: Mit jedem Gang, der gereicht wird, hellen sich die Gesichter weiter auf, wird das Stirnrunzeln durch Lachfalten ersetzt, werden die Gespräche angeregter und das Lachen wird lauter. Als sie schließlich zu später Stunde zum Heimweg aufbrechen, tanzen sie alle gemeinsam um den Dorfbrunnen herum.

Die heute Älteren haben Hunger und Not durchlebt und sind durch ein strengere Erziehungshaltung geprägt, die noch eher auf dem Prinzip beruhte: »Es wird gegessen, was auf dem Tisch kommt« oder »Du bleibst so lange am Tisch sitzen, bis der Teller leer ist«. Die durch eine solche Erziehungshaltung vermittelte Strenge ist vielen Älteren noch heute anzumerken, insofern sind sie manchmal den eben beschriebenen Dorfbewohnern aus dem Film ähnlich. Doch ebenso wie diese sind auch sie verführbar, und gelegentlich lässt sich auch unser Ehepaar von seinen Kindern zum Essen ausführen, manchmal sogar in ein exotisches Restaurant, in dem sie sich an unbekannte Speisen herantrauen und es ein vergnüglicher Abend wird. Nichts ist also notwendiger, als Rituale von Zeit zu Zeit zu durchbrechen, ihnen neues Leben einzuhauchen und sie ein wenig zu erweitern. Nur dann vermögen sie dem Leben einen sicheren Rahmen zu verleihen, der nicht als Einengung oder gar Erstarrung erlebt wird. Und die Älteren, die jetzt in ein höheres Lebensalter kommen, gleichen ohnehin eher der Babette; sie haben Essen längst als Lifestyle-Element entdeckt und können es für sich auch im Alter nutzen. Sie werden sich womöglich auch bewusster ernähren, haben sie im Vergleich zu ihrer Vorgängergeneration doch den Vorteil, mit einem anderen Wissen über Nahrungsmittel ausgestattet zu sein und vielleicht auch mehr Erfahrungen im Umgang mit biologischen Produkten zu haben. Sie haben dadurch bessere Chancen, sich auch im Alter gesund zu ernähren und diesen Lebensabschnitt positiv zu beeinflussen.

Vorsicht bei Nahrungsergänzungsmitteln!
Eines der bevorzugten Themen des Anti-Aging sind Nahrungsergänzungsmittel, für kaum etwas anders wird so intensiv geworben, und heute nehmen in Europa und den USA zwischen 10 und 20 % aller Erwachsenen entsprechende Präparate. Unter die Rubrik Nahrungsergänzungsmittel fallen Vitamine, besonders C, A und E, die allesamt als Radikalenfänger gelten. Des Weiteren handelt es sich um Mineralien wie Calcium oder Spurenelemente wie Eisen, Zink, Selen. Doch der Nutzen solcher Ergänzungsmittel ist fraglich. Die Zweifel an ihrer Wirkung werden bereits

seit längerem diskutiert; so ist bekannt, dass Vitamin C, als Ergänzungsmittel eingenommen, keineswegs die gleiche Wirkung hat, als wenn es als Bestandteil eines Nahrungsmittels eingenommen wird. Doch die aufgekommenen Zweifel gehen entschieden weiter. Ein dänisches Forscherteam (Bjelakovic et al., 2007) hat in der angesehen amerikanischen Fachzeitschrift »The Journal of the American Medical Association« eine Metaanalyse – das heißt eine Zweitauswertung von Forschungsbefunden, in die 47 Studien mit insgesamt 180.000 Fällen einbezogen wurden – veröffentlicht, die zeigt, dass die Vitamine E und A sowie Betakarotin, jeweils als Ergänzungsmittel eingenommen, die Sterblichkeit erhöhen; allein Selen verringerte das Sterblichkeitsrisiko, während für Vitamin C kein Effekt nachgewiesen werden konnte. Die Autoren interpretieren diese Befunde so, dass die Reduktion der freien Radikalen als Folge der Ergänzungsmittel die natürlichen Abwehrkräfte des Körpers schwächt. Die Autoren raten von einem leichtfertigen Umgang mit entsprechenden Präparaten ab und mahnen weitere Forschungen an. Diese Ergebnisse reichen sicherlich nicht aus, Nahrungsergänzungsmittel grundsätzlich abzulehnen, und man sollte die unterschiedlichen Präparate differenziert bewerten. So wird Vitamin B_{12} und Folsäure von Ärzten zur Demenzvorbeugung empfohlen. Eine bedenkenlose Einnahme ist jedoch nicht ratsam.

4.1.4 Körperliche Aktivität entwickeln – Wer rastet, der rostet

In jedem Anti-Aging-Buch findet man die folgende oder ein ähnliche Geschichte: 70-Jähriger hat am Marathon teilgenommen und diesen erfolgreich absolviert. Der gleichaltrige Leser mag im besten Fall verblüfft sein, in der Regel wird er sich jedoch schlecht fühlen, spürt er doch jeden Morgen seine Glieder, und die Schmerzen in den Gelenken wollen seit Wochen nicht weichen. Und nun dies: Sollte es seine eigene Schuld sein, hat er es sich selbst zuzuschreiben, sich nicht zu Höchstleistungen in der Lage zu sehen? Vermutlich wird er das

Anti-Aging-Buch rasch zur Seite legen, um sein Gefühl des eigenen Versagens zu verscheuchen, das Diskrepanzerlebnis ist einfach zu groß, als dass es ihn angespornt hätte, nun seinerseits aktiv zu werden. Er wird vielleicht sogar mit einer Gegenreaktion antworten, gegen die verbissene Sucht nach unaufhörlicher Fitness wettern und den sich ausbreitenden Körperkult geißeln, frei nach dem Motto: Sport ist Mord. Dabei haben die Anti-Aging-Experten endlich einmal Recht, denn nichts ist belegter als die Tatsache, dass passiv, träge und inaktiv zu sein, dem Altersabbau Tür und Tor öffnet. Wer rastet, der rostet, wie es im Volksmund heißt – das bewahrheitet sich im Alter.

Wie man altert, ist immer auch ein Ergebnis des bisherigen Lebens, dies gilt nicht zuletzt auch für sportliche Aktivitäten. Wer früh in seinem Leben Sport getrieben hat, wird dies vermutlich sein Leben lang tun. Doch vielleicht hat er es irgendwann auch aufgegeben, weil er das Gefühl hatte, dass Familie und Beruf ihm keine Zeit dazu lassen oder weil er zu träge geworden war. So lange der Körper problemlos funktioniert, drängt sich vielleicht nicht die Notwendigkeit sportlicher Betätigung auf. Dies ändert sich irgendwann in den mittleren Jahren. Wenn die 50 naht und der Körper sich gelegentlich bemerkbar macht, besinnt sich manch einer auf seine früheren Aktivitäten, an die er jetzt anknüpfen kann. Wer nie Sport getrieben hat, wird es schwerer haben, muss sich an etwas für ihn völlig Neues heranwagen und die Mühen auf sich nehmen, die jede sportliche Aktivität anfangs kostet, während der Gewinn nicht zugleich zu erhalten ist.

Doch es ist nicht allein das beginnende körperliche Alter, dass manch einen treibt, es nun wieder ernster zu nehmen mit dem Sport und lang gehegte Vorsätze endlich in die Tat umzusetzen. Es ist häufig auch das Lebensgefühl, das sich verändert. Vielleicht stellt sich ein Gefühl der Stagnation ein, als sei das Leben zum Stillstand gekommen, auch wenn der Alltag durch eine Art Hyperaktivität gekennzeichnet ist. Plötzlich wird man darauf aufmerksam, dass sich die nachdenklichen Augenblicke mehren und die Stimmungsschwankungen beunruhigende Ausmaße annehmen. Bei einigen Menschen wächst sich dieses Gefühl zu einer ausgeprägten Lebenskrise aus, so wie bei Joschka Fischer, der dies zum Anlass nahm, die Laufschuhe zu schnüren. Wie ihm das Laufen dabei half, aus dem Gefühl des Stillstandes herauszufinden, beschreibt er in seinem Buch »Mein langer Lauf zu mir selbst« (Fischer, 1999). Laufen ist ja in dem Wort »Lebenslauf« enthalten, man sagt, »es läuft« oder »es läuft gut« und meint damit, dass sich etwas bewegt. Tatsächlich kann das Laufen oder eine andere sportliche Aktivität zu einer Selbsttherapie werden, so wie es Joschka Fischer beschreibt. Man könnte es folgendermaßen umschreiben: »Laufen gibt Luft. Laufen fördert den Stoffwechsel. Laufen bringt den Kreislauf auf Trab. Laufen fordert heraus. Laufen verbindet. Laufen kennt keine Grenzen. Laufen erfrischt. Laufen macht fröhlich. Laufen macht den Geist frei. Laufen macht zufrieden. Laufen ist Leben« (Marlovits, 2004, S. 15). Laufen festigt das Gefühl, so könnte man hinzufügen, dass der Körper sich als zuverlässig und vertrauenswürdig erweist, dass er einen weiter tragen wird, auch wenn erste Alterserscheinungen auftreten. Von einer solchen Selbsttherapie kann der Impuls ausgehen, der die Aneignung des Alters in Gang bringt.

Laufen hat eine tiefe psychologische Wirkung (vergleiche Kasten) und auch längerfristig einen günstigen Einfluss auf die Stimmung und das Wohlbefinden. Auch das körperliche Befinden verbessert sich in relativer kurzer Zeit. Nach einem vier- bis fünfmal pro Woche angebotenen Ausdauertraining erreichten 60-jährige, vorher inaktive Männer nach zwölf Wochen eine Ausdauerleistungsfähigkeit, die mit den Werten untrainierter 40-Jähriger vergleichbar war. Auch längerfristige Wirkungen sind durch Untersuchungen vielfach belegt worden. So kann durch sportliche Aktivitäten die altersbedingte Abnahme der Muskelmasse und deren Umwandlung in Fettgewebe in erheblichem Umfang beeinflusst werden. Wir haben ganz eindeutige Belege dafür, dass Bewegungsmangel Arthrose, Osteoporose, Diabetes und Hypertonie wahrscheinlicher macht. Doch in der Vermeidung von Krankheit liegt nicht das einzige Ziel körperlicher Aktivität. Wir müssen unterscheiden zwischen einer Krankheit und den Folgen einer Krankheit. Nehmen wir als Beispiel Erkrankungen der Gelenke: Die Krankheit als solche ist unangenehm und möglicherweise auch mit Schmerzen verbunden, doch die Folgen können noch weitaus gravierender sein. Gelenkerkrankungen haben ein erhöhtes Sturzrisiko zur Folge: Rund 30 % aller über 65-jährigen Menschen stürzen mindestens einmal im Jahr. Stürze aber sind gefährlich und eine der Hauptursache für Hilfs- und Pflegebedürftigkeit im Alter. Sport zu treiben verringert die Gefahr von Stürzen drastisch. Man kann also durch körperliche Aktivität möglicherweise nicht verhindern, Arthrose oder Osteoporose zu bekommen, aber man kann die Folgen einer solchen Erkrankung deutlich vermindern. Deswegen lohnt es sich, Sport zu treiben.

»Es läuft« – Kann Laufen zu Glücksgefühlen führen?

Laufen und Glücksgefühle haben etwas miteinander zu tun, das hat sich herumgesprochen, und verantwortlich hierfür sei ein Endorphin-Kick, also die Wirkung jenes Hormons, das auch als Glückshormon bezeichnet wird. Diese populäre These befriedigt den Wunsch nach einfachen, wissenschaftlich erscheinenden Erklärungen, wird jedoch in der Sportwissenschaft mehr als angezweifelt. Der Sportpsychologe Andreas Marlovits (2004) hat in seinem Buch »Dem Geheimnis des Laufens auf der Spur« nachgezeichnet, wie sich durch Laufen eine psychische Umwandlung vollzieht, ohne eine simplifizierende Hormonhypothese heranziehen zu müssen. Er hat 100 Läufer in tiefenpsychologischen Interviews über ihre Lauferlebnisse berichten und assoziieren lassen, herausgekommen ist eine differenzierte Darstellung, welchen Veränderungsprozess die Psyche beim Laufen erfährt. Hat der Läufer erst einmal seinen inneren Kampf gewonnen und die Widerständigkeit überwunden, die sich ihm jedes Mal entgegenstellt, wenn sich der Wunsch zu laufen regt, ist der erste Schritt dieser Umwandlung getan. Doch die Unausgeglichenheit, die belastenden Tagesreste und die ständigen Sorgen nimmt der Läufer zunächst mit, es besteht ein inneres Ungleichgewicht, das als Unruhe erfahren wird, als Differenz zwischen Ich und Welt. Das Laufen wird zur wohltuenden Differenzreduktion und damit zur Selbsttherapie. Zunächst fühlt sich der Lauf noch schwer und eckig an, doch das ändert sich bald, vielleicht wenn beim Einbiegen in den Waldweg die Natur, der Geruch und die frische Luft spürbar werden. Allmählich wird die Atmung gleichmäßiger, es entsteht ein Laufrhythmus, die Schrittfolge wird runder. Dieses sich nun einstellende Moment der gleichförmigen Wiederholung löst seelische Verkrustungen und Knoten auf. Die seelische Wirkung von Rhythmus ist wohlbekannt; der rhythmische Herzschlag, den schon das Ungeborene wahrnimmt, das gleichförmige Wiegen des Säuglings, das ihn beruhigt, die rhythmischen Formen der Musik und des Tanzes, die bis in tranceähnliche Zustände führen können und die in allen Kulturen bekannt sind. Rhythmus hat eine beruhigende wie eine auflösende Kraft, beides kommt beim Laufen zum Tragen. Die Gleichförmigkeit des Laufens löst allmählich die unverbundene Gegenüberstellung von Ich und Welt auf, Wald und Läufer werden nicht mehr als *gegen*, sondern als *mit* erlebt. Das aktive, angestrengte Denken tritt zurück und wird abgelöst durch eine passive Qualität, aus dem aktiven »Ich laufe« wird ein passives »es läuft mich« und »es denkt mich«. Es stellt sich ein ganzheitliches Erleben ein, das an die ursprüngliche Ganzheit im Mutterleib erinnert. Psychoanalytisch kann von einer Regression gesprochen werden, die an einen Zustand erinnert, wie man ihn ansonsten in Tagträumen erleben kann. Damit kann auch erklärt werden, dass ganz ungewöhnliche Gedanken auftauchen können, Erinnerungen möglicherweise, die verschüttet waren, oder ganz neue Lösungen für Probleme, über die man zuvor lange nachgegrübelt hat. Dieser veränderte Bewusstseinszustand kann auch zu einem Glücksgefühl führen, zu einem Zustand, der in der Psychologie als *Flow* bezeichnet wird, eine Art Selbstvergessenheit, die als glücklicher Augenblick erfahren wird.

Doch diese längerfristigen Folgen entziehen sich der unmittelbaren Wahrnehmung, damit stehen sie uns als Motivationshilfe nur eingeschränkt zur Verfügung. Entwickelt man jedoch ein Gesundheitsbewusstsein, dem man sich verpflichtet fühlt, fällt es leichter, sportlicher Aktivität einen festen Platz im Wochenrhythmus zuzuweisen. Dann wird man es leichter haben, begonnene sportliche Aktivität auch durchzuhalten. Unterstützt wird dies durch eine veränderte Wertigkeit, die Sport von den Grundprinzipien von Leistung, Konkurrenz und Rekorden abkoppelt. Dies gelingt Frauen eher als Männern, die stärker an diesen Vorstellungen festhalten. Es entwickelt sich langsam ein Sportverständnis, das mehr mit Spaß und Selbstverwirklichung zu tun hat und damit stärker an Werten der Freizeit orientiert ist. Dennoch, Joschka Fischer ist nicht der Einzige, der die begonnene sportliche Betätigung wieder aufgegeben hat. Die Zahl derer, die regelmäßig zwei oder mehr Stunden Sport in der Woche treiben, erreicht nach einem Abfall in den mittleren Jahren noch einmal einen

Höchststand zwischen dem 60. und 69. Lebensjahr; hier sind es bei den Männern immerhin 40 %, bei den Frauen 37 %. Danach fällt der Wert rapide ab auf 29 % bei Männern und 22 % bei Frauen in der Gruppe der 70- bis 79-Jährigen, bei den über 80-Jährigen sind es nur noch 15 % bzw. 17 %.

Lohnt es sich etwa nicht mehr, auch im hohen Alter Sport zu treiben? Ist jetzt ohnehin alles zu spät? Ein solcher Einwand lässt sich rasch widerlegen, wie folgende Erfahrung zeigt: Ein Krafttraining dreimal pro Woche führte bei älteren Menschen im Alter zwischen 86 und 96 Jahren nach acht Wochen zu einem Kraftzuwachs von 35 – 50 %. Darüber hinaus wurde durch ein Kraft-, Ausdauer und Bewegungstraining bei älteren Menschen ein Leistungszuwachs in den koordinativen Fähigkeiten von über 40 % erzielt. Auch war eine verbesserter Gleichgewichtssinn zu beobachten. Beides zusammen ist etwa im Hinblick auf Stürze besonders wichtig, diese Gefahr kann durch ein solches Training rapide reduziert werden (Kruse, 2002).

Der Nachweis für die Nützlichkeit sportlicher Aktivität auch im hohen Alter ist also längst erbracht. Doch die Frage ist, ob dies die Menschen auch wissen oder ob sie nicht doch dazu neigen, das körperliche Altern als schicksalhaft hinzunehmen? Eine solche Haltung wird zweifellos auch von außen gefördert, wie folgende Szene zeigt. Die Seniorenwohnanlage ist eigentlich vorbildlich, die aufgelockert um einen Innenhof erbauten Häuser erinnern eher an eine Ferienanlage, und auch sonst gibt es an dem Haus nichts auszusetzen. Es gibt auch ein Angebot an Kursen, unter anderem eine Seniorengymnastik. Im Kreis sitzen etwa zehn ältere Menschen, überwiegend Frauen. Vorn hat der Zivildienstleistende Platz genommen, er legt eine CD in die Stereoanlage und eine Stimme von Band gibt Anleitung für die Durchführung von Übungen. Nach kurzer Zeit lässt die Aufmerksamkeit der Teilnehmer nach, und es dauert nicht lange, da nicken die Ersten ein. Nach einer Weile fühlt sich der etwas hilflos wirkende Zivi aufgefordert, an den Sinn des Treffens zu erinnern, und er startet einen neuen Versuch, die älteren Damen zum Mitmachen zu bewegen. Eine Ältere, die zum ersten Mal teilgenommen hat, schwört sich, nicht wieder zu kommen. Die Art und Weise, wie die Gymnastik durchgeführt worden war, hatte sie völlig demotiviert. Der Wert eines solchen Angebotes wurde offenbar in der ansonsten so vorbildlichen Anlage überhaupt nicht erkannt. Sportlicher Aktivität als wesentlichem

Element im Prozess der Aneignung des Alterns stellen sich somit zahlreiche Hindernisse entgegen, die es zu überwinden gilt.

4.1.5 Die körperliche Lust erhalten – Sag nie: Ich bin zu alt dafür

Die Hochzeitsgesellschaft hat sich gerade zu Kaffee und Kuchen niedergelassen, als die Braut ihre Mutter anherrscht, nun auch endlich am Kaffeetisch Platz zu nehmen. Diese fühlt sich zurechtgewiesen und gibt ihren Unmut dadurch kund, dass sie beim ersten Schluck aus der Kaffeetasse das Gesicht verzieht und sich über dessen Ungenießbarkeit beschwert. Gleich darauf erhebt sie sich erneut und verschwindet in den Nebenraum. Dort nähert sie sich, noch etwas zögernd, dem Flügel, an dem der für die Feier engagierte Pianist sich bereits niedergelassen hat. Der Dame, so etwa zwischen 65 und 70 Jahre alt, gefällt der ältere Herr, und zusammen mit der Enkelin hatte sie ihm schon zuvor zugezwinkert. Auch jetzt ist die Enkelin an ihrer Seite, als ob sie so leichter die Scheu zu überwinden vermag. Und auch ihm scheint der noch vorsichtige Flirt zu gefallen, er spielt ein Stück, das schwungvoll, dann wieder romantisch und verträumt klingt und eine Botschaft enthält, die sie ihre Zurückhaltung überwinden lässt. Bald schieben sich beide Zettel zu, und, um die Handlung abzukürzen, eine Zeitlang später, nach einem Spaziergang, finden sie sich in ihrem Zimmer wieder, schattenhaft ist das Liebesspiel beider im abgedunkelten Zimmer zu erkennen. Zeigt man den Film »Die Hochzeitsgesellschaft« von Micha Schwarz in Fortbildungsveranstaltungen, ruft er einiges an Irritation und Überraschung hervor. Ein One-Night-Stand älterer Menschen, dazu noch von der Frau initiiert, das durchkreuzt völlig unser Bild von älteren Menschen und unsere Erwartungen an sie. Jüngere haben ein Bild verinnerlicht, demzufolge das Alter asexuell ist.

Die Vorstellung von den eigenen Eltern als sexuell interessierte und tätige Menschen stößt rasch auf eine innere Hemmung, die offenbar früh verinnerlicht ist. Doch kaum einer der meist jüngeren Fortbildungsteilnehmer äußert Missfallen, mit der streng wirkenden Tochter, die wohl ahnt, was sich da entwickelt, und die Mutter zurechtweist, mag sich niemand identifizieren, schließlich möchte keiner als prüde oder Anhänger überholter Normen gelten. Doch diese rasch geäußerte Toleranz gegenüber dem Geschehen auf dem Bildschirm hat etwas Angestrengtes, die innere Barriere, die dabei zu überwinden ist, bleibt oft nicht verborgen. Dass diese dennoch überwunden wird und niemand Missfallen äußert, sondern eher Bewunderung, mag auch damit zu tun haben, das die Bilder die Hoffnung vermitteln, dass das Alter nicht nur Schrecken zu bieten hat, sondern auch Momente eines erfüllten Lebens, vielleicht sogar Freiräume, etwas zu tun, was zuvor nicht möglich war.

Sexualität im Alter – Was sagt die Wissenschaft?
Das Vorurteil, ältere Menschen hätten kein Interesse mehr an Sexualität, muss heute als widerlegt gelten. Das Interesse bleibt insgesamt auf einem sehr hohen Niveau erhalten, und nur 1,8 % der Männer und 13,9 % der Frauen im Alter zwischen 60 und 65 Jahre gaben in der Schweizer Untersuchung (Bucher, 2005) zur Sexualität im Alter an, überhaupt keinen sexuelles Interesse mehr zu verspüren. Erst jenseits des 75. Lebensjahres werden die Zahlen deutlich höher, jetzt auch nicht mehr nur bei den Frauen, sondern auch bei den Männern, obwohl bei diesen immer noch 84,5 % angeben, sexuelle Gedanken, Phantasien und Träume zu haben. Eine deutlichere Abnahme ist allerdings in der sexuellen Aktivität festzustellen, wobei immerhin 79,6 % der Männer angaben, in den vergangenen drei Monaten Geschlechtsverkehr gehabt zu haben, erst bei den über 75-Jährigen sinkt die Zahl auf 33,8 %. Bei den Frauen liegen die Zahlen mit 48,8 % und 8,1 % deutlich niedriger, wobei sich hier stärker niederschlägt, dass Frauen in dieser Altersgruppe häufig Witwen sind. Das sexuelle Interesse bleibt insgesamt also auf einem hohen Niveau, während sexuelle Aktivitäten stärker zurückgehen, diese Kluft zwischen Wünschen und Aktivitäten wurde als »interest-activity-gap« bezeichnet.

Sich über ein negatives Altersbild und die im Bereich der Sexualität im Alter besonders einschränkenden Konventionen hinwegzusetzen, stellt aber nicht die einzige Barriere dar, die ältere Menschen zu überwinden haben, um sich ihre Sexualität zu erhalten. Auch die körperlichen Veränderungen bilden ein Hindernis für das sexuelle

Begehren. Dabei müssen sich Männer und Frauen mit unterschiedlichen Veränderungen auseinandersetzen. Die sexuellen Reaktionen des Mannes sind nicht mehr so dynamisch, der körperliche Drang, den der jüngere Mann verspürt, wird schwächer. Die Erektion erweist sich als störanfälliger und die Refraktärphase, das heißt die Zeitspanne bis zur erneuten Erektionsfähigkeit nach einem Orgasmus verlängert sich. Alles verlangsamt sich, bedarf mehr Behutsamkeit und Geduld. Die sind auch bei der Frau gefordert, bei der mehr Stimulation notwendig ist, um eine sexuelle Erregung hervorzurufen, und die trockenere Scheide mag ihr ebenso unangenehm sein wie dem Mann seine nicht mehr so unerschrocken erscheinende Erektion, auch wenn im Viagra-Zeitalter nachgeholfen werden kann. Beide erleben somit Veränderungen, die mit Peinlichkeits- und Schamgefühlen einhergehen können. Schamgefühle aber müssen nicht zwangsläufig zum Rückzug führen, sie können auch Anlass geben, etwas bisher nicht Beachtetes wahrzunehmen, Einstellungen in Frage zu stellen, zur Reflexion und Kommunikation anzuregen. Können sich beide ihren Gefühlen stellen, bietet sich die Chance, sich neu aufeinander einzustellen, und die Erfahrung, trotz der Veränderungen vom Partner begehrt zu werden, kann das gegenseitige Vertrauen fördern. Damit wird eine Basis für eine veränderte Sexualität geschaffen, ein körperliches Miteinander, das stiller und unaufdringlicher ist und bei dem sich beide neu kennen lernen können, und zwar in ihrem Fühlen und Denken wie in ihrer Körperlichkeit. Es gibt durchaus Paare, die die nachlassende Dominanz des Geschlechtsverkehrs nutzen, ihren Umgang miteinander zu erweitern und zu bereichern, mehr Spielraum zu schaffen für Zärtlichkeit und für körperliches Miteinander. Die Altersforscher Butler und Lewis (1996) haben hierfür den schönen Begriff von der »zweiten Sprache der Sexualität« geprägt, die im Alter erlernt werden könne.

Die Formulierung von der zweiten Sprache der Sexualität erinnert an die Unterscheidung von Sex und Sexualität, wie sie in der Psychoanalyse getroffen wird. Sex meint allein die körperliche Seite der Sexualität, also eine Reduktion, wie sie in der heutigen Zeit allgegenwärtig ist. Die Verstörung, die Sigmund Freud hervorgerufen hat und die bis heute nachwirkt, geht auf seine Auffassung von Sexualität als etwas zurück, das die gesamte Persönlichkeit durchzieht. Die Untrennbarkeit von Körper und Seele wird nirgendwo so offensichtlich wie in der Sexualität, darin besteht der ganzheitliche Charakter des Menschenbildes bei Freud. Zweifellos unterscheiden sich Menschen darin, inwieweit ihre Sexualität mit anderen Aspekten ihrer Persönlichkeit verknüpft ist und ihr gesamtes Leben durchzieht. Menschen, bei denen Sexualität ein integraler Bestandteil ihrer Persönlichkeit ist, gewinnen meist eine andere, sinnlichere Ausstrahlung, so wie die beiden Älteren in dem Film »Die Hochzeitsgesellschaft«, die ihre sinnlich-erotische Ausstrahlung nicht verloren haben. Sie finden auch im Alter einen akzeptierenden Zugang zu ihren körperlich-sexuellen Bedürfnissen. Solche älteren Menschen erleben es auch als weniger kränkend, wenn die körperlichen Funktionen nachlassen, und sehen darin nicht nur einen Verlust, sondern auch eine Chance für ein vertieftes sinnliches Erleben. Sie finden einen Weg, das Erleben von Sexualität als Stärkung der eigenen Identität und der Verbundenheit mit dem Leben zu bewahren.

Wenn die Sexualität immer schon integraler Teil der Persönlichkeit war, wird es auch im Alter leichter, nicht nur im Körperlichen andere Ausdrucks- und Befriedigungsformen zu finden, sondern die sexuelle Energie auch anderweitig zu nutzen. Psychoanalytiker sprechen dann von Sublimierung, also einer Umwandlung, die dazu führt, dass diese Energie für andere Zwecke zur Verfügung steht. Damit öffnet sich der Weg, die äußere Welt mit libidinöser Energie zu besetzen, was die Grundlage dafür ist, sich mit ihr lustvoll und sinnlich verbunden zu fühlen. Eine solche Umwandlung stellt im Alter eine wichtige Quelle dar, sich ein bereicherndes, stimulierendes Leben zu erhalten, in dem sich Interessen und Leidenschaften welcher Art auch immer entwickeln können, die das Leben auszufüllen vermögen. Freud hatte beispielsweise das Schauen als eine solche Form der Umwandlung beschrieben, also eine Form der Sinnenfreude, die etwa einen Museumsbesuch zu einem bereichernden Erlebnis machen kann.

Doch es gibt eine weitere Barriere, die einem solchen Umwandlungs-, man könnte auch von Aneignungsprozess sprechen, im Wege steht. Insbesondere ältere Frauen erleben es nicht selten als eine Befreiung, sich unter dem Vorwand des Alters aus einem Lebensbereich zurückzuziehen, den sie nie als befriedigend erlebt haben. Kirsten von Sydow (1992) hat ausführliche Interviews mit älteren Frauen geführt, aus denen hervorging, wie unbefriedigend und belastend, ja erniedrigend viele von ihnen Sexualität über Jahre hinweg erlebt hatten. Sie fühlten sich Verboten und moralischen Wertmaßstäben unterworfen, die es in früheren Zeiten insbesondere Frauen erschwert haben, ihre sexuellen Wünsche wahrzunehmen und zu äußern. Noch deutlicher wird in den Interviews, wie viele Frauen unter einer ausschließlich männlich dominierten Sexualität gelitten haben, der sie sich nie entziehen konnten. Sexualität diente nicht der eigenen Lusterfüllung und Erlebniserweiterung, sondern vornehmlich der ehelichen Pflichterfüllung. Diese wurde von ihren Männern eingefordert, deren Begehren ebenso, wenn auch auf ganz andere Weise, durch eine restriktive Sexualmoral deformiert war. Das Alter schafft dann einen »legitimen« Weg, sich dieser Pflicht zu entziehen.

In den Interviews klingt auch an, wie viele Frauen in frühen Jahren Opfer sexuellen Missbrauchs waren, oft im Zusammenhang mit Kriegs- oder Fluchterlebnissen. Wenn man bedenkt, dass bei der Einnahme Berlins durch die russischen Soldaten etwa 100.000 Vergewaltigungen statt gefunden haben, dann lässt sich das Ausmaß erahnen. Oft werden solche Erlebnisse erst im weiteren Verlauf einer psychotherapeutischen Behandlung berichtet, wenn es leichter fällt, über Beschämendes zu sprechen. Dabei trifft man häufig auch auf Ältere, die zwar nicht selbst Opfer sexueller Gewalt geworden waren, diese aber bei Eltern oder Verwandten in unmittelbarer Nähe miterlebt haben und diese Erlebnisse oft nie wirklich verarbeiten konnten, wovon die eigene Sexualität nicht unbeeinflusst bleiben konnte.

4.1.6 Die Haut als Spiegel der Seele – Dem Alter ins Gesicht sehen

Die körperlichen Veränderungen beginnen in der Regel schleichend, aber allmählich können wir sie nicht mehr übersehen, sie drängen sich uns förmlich auf, wie es Jean Améry (1968) sehr feinfühlig beschrieben hat. »Seit einigen Wochen bemerkt A., wenn sie morgens bei der Toilette vor dem Spiegel steht, an den Augenlidern kleine gelbliche Hautknötchen, die ihr weiter keine Beschwerden verursachen, beim Abtasten nicht schmerzen, offensichtlich als harmlos ermessen werden können, nur einfach da sind, nicht einmal besonders hässlich, entstellend nur in sehr beschränktem Maße, von den anderen erst wahrzunehmen nach ausdrücklichem Hinweis, die aber ihr, A., zu mancher Beunruhigung, die sich da einstellte in den letzten Jahren, eine neue, nicht panische, doch auf feinsägende Weise peinigende zufügen.« Und später: »Er geht, das entdeckt A., je öfter sie das morgendliche Spiegelexperiment, das zum Ritual wird, wiederholt, parallel mit einer sich nicht bekennenden Selbstgenugtuung, denn etwas stellt sich ein wie Stolz, es schon so lange durchgestanden zu haben, so dass sie, tief im Überdrusse steckend, ihre spröde Haut trägt wie ein tapferer Krieger seine Narben« (S. 38).

Das Spiegelexperiment kennt wohl jeder, der ein gewisses Alter überschritten hat. Die nicht mehr zu übersehenden Hautveränderungen signalisieren den Verlauf der Zeit. Schauen wir in den Spiegel, nehmen wir uns selbst zum Objekt unserer Beobachtung und können nicht umhin, unser Alter wahrzunehmen. Doch es sind auch die anderen, die unser Alter vornehmlich am Zustand unserer Haut ablesen. Wie verändert sich eigentlich die Haut im Alter? Unsere Haut erneuert sich ständig, 75 % des Hausstaubs besteht aus abgestorbenen Hautzellen, und mit 70 Jahren hat der Mensch etwa 18 kg Hautzellen abgestoßen. Im Alter verlangsamt sich dieser Prozess, es bilden sich weniger neue Hautzellen als abgestoßen werden, wodurch die Haut dünner wird und ihr Aussehen verändert. Die nachwachsenden Zellen sind weniger organisiert, sie sind ungeordneter, wodurch die Haut unebener erscheint und empfindlicher wird gegen Faltenbildung. Dies betrifft die Oberhaut, aber auch die Unterhaut verändert sich, sie verliert an Geschmeidigkeit und wird weniger flexibel. Dies bemerken wir, wenn die Bewegungen der Arme, der Beine oder des Halses von der Haut nicht mehr so gut nachvollzogen werden, so dass sich leichter Falten und Grübchen bilden. Auch die Schweiß- und Talgdrüsen sind von Altersveränderungen betroffen, die Haut wird trockener und spröder und darum kommen ältere Menschen weniger gut mit hohen Temperaturen zurecht.

Kein Wunder also, dass wir ständig bemüht sind, die beschriebenen Veränderungen zu verbergen, und das gilt insbesondere für das Gesicht. Die Betrachtung des ganzen Körpers kommt vermutlich seltener vor und wird von vielen Älteren vermieden, da sie sich eine direkte Konfrontation mit ihrem körperlichen Altern ersparen möchten. Doch am Gesicht kommt man nicht vorbei, da das unweigerlich beim morgendlichen Zähneputzen betrachtet wird. Das Gesicht ist auch der Körperteil, der unbedeckt bleibt, wenn wir hinausgehen in die

Welt und von den Anderen angeschaut werden. So wundert es nicht, dass für kaum etwas mehr geworben wird als für Hautcremes gegen Faltenbildung, die Zuwachsraten bei Anti-Aging-Salben liegen bei über 20 % im Jahr. Und dazu passt, dass ca. 70 % aller kosmetisch-operativen Eingriffe im Gesicht erfolgen. Die Menschen versuchen so, die Diskrepanz zu überwinden, die zwischen der Wahrnehmung ihres Gesichts besteht und dem, was als attraktiv und sozial erwünscht gilt.

Dem Alter mit dem Skalpell zu Leibe rücken?

An der Spitze der Maßnahmen in Anti-Aging-Instituten und Kliniken für kosmetische Chirurgie steht die Injektion mit Botulinumtoxin, das als stärkstes Gift der Welt gilt, was die Menschen aber nicht davon abhält, es zur Bekämpfung von Falten einzusetzen. Die Behandlung ist allerdings nicht ganz billig und das Ergebnis hält lediglich fünf bis sechs Monate. Es gibt regelrechte »Botox-Partys«, bei denen vor der Schönheitsspritze Champagner und Lachshäppchen serviert werden. Wenn das nicht reicht, gibt es operative Verschönerungsmaßnahmen, die inzwischen etwa 500.000 mal pro Jahr in Deutschland durchgeführt werden. An erster Stelle steht das Fettabsaugen, gefolgt von Brustvergrößerungen, Brustverkleinerungen, Lidstraffungen, Facelifting und Ähnliches. Immerhin 10–15 % der Patienten sind Männer, Tendenz steigend. Zunehmend häufiger werden Operationen auch in den osteuropäischen Ländern vorgenommen, weil sie dort erheblich billiger sind, allerdings nicht selten mit einem Ergebnis, das die Betroffenen alles andere als zufrieden stellt, doch notwendig werdende Nachfolgeoperationen werden inzwischen von den Kassen nicht mehr bezahlt. Auch sonst ist Vorsicht geboten; eine Studie in Schweden zeigte, dass bei 3500 Schwedinnen, die eine Brustvergrößerung erhalten hatten, die Suizidrate dreimal so hoch lag wie im Durchschnitt. Ob nicht doch manchmal eine Psychotherapie geeigneter gewesen wäre (Stöhr, 2005)?

Die Gesellschaft schafft sich Ikonen strahlender, makelloser, durchgestylter Schönheit, auf die die Wünsche nach ewiger Jugend projiziert werden können. Und so lassen sich die Menschen liften, um diesem Ideal so lange wie möglich nahe zu kommen, und nehmen dabei in Kauf, sich von sich selbst zu entfernen.

Das Gesicht ist ein besonderer Teil unseres Körpers, nicht nur weil es für alle sichtbar ist, sondern auch weil in ihm unsere Gefühlszustände sichtbar werden. Das Gesicht verrät manches über unser Innenleben, lässt erkennen, ob wir entspannt und ausgeglichen sind, ob uns Verbitterung quält oder Hoffnungslosigkeit und Niedergeschlagenheit zu schaffen machen. Es sind jedoch nicht nur diese momentanen Gefühlzustände, die sich im Gesicht und an unseren Augen ablesen lassen, auf Dauer hinterlassen unsere überwiegenden Gefühlzustände, unsere Lebenserfahrungen und Lebenseinstellungen dauerhafte Spuren im Gesicht, was Albert Camus zu der Aussage veranlasste, dass wir ab dreißig für unser Gesicht selbst verantwortlich seien. Wenn der Mensch das Alter erreicht, zeichnet sich seine Lebensgeschichte im Gesicht ab, das eine höchst individuelle Ausdrucksform annehmen kann. Es spiegelt etwas über die Ansichten wider, mit denen der Mensch durch sein Leben gegangen ist und das Alter erreicht hat, so wie es der italienische Philosoph Noberto Bobbio (1997) über 90-jährig formuliert hat: »Noch im Alter wird deine Einstellung zum Leben davon geprägt, ob du das Leben wie einen steilen Berg begriffen hast, der bestiegen werden muss, oder wie einen breiten Strom, in den du eintauchst, um langsam zur Mündung zu schwimmen, oder wie einen undurchdringlichen Wald, in dem du herumirrst, ohne je genau zu wissen, welchen Weg du einschlagen musst, um wieder ins Freie zu kommen. Es gibt den heiteren Alten und den traurigen Alten, den zufriedenen, der gemächlich an das Ende seiner Tage gelangt ist, den unruhigen, der sich vor allem an die Stürze in seinem Leben erinnert und ängstlich auf den letzten wartet, von dem er sich nicht wieder erholen wird; es gibt den, der seinen Sieg auskostet, und den, der seine Niederlagen nicht aus dem Gedächtnis streichen kann« (S. 37). Das Gesicht im Alter wird zum Spiegel des Lebens.

Anders als der übrige Körper älterer Menschen, der allein vom Altersabbau gekennzeichnet ist, machen gerade die Spuren der Lebensgeschichte die Gesichter älterer Menschen oft so ausdrucksstark. Als ich neunzehn Jahre alt war, machte ich die erste große Reise zusammen mit einem Freund. Und weit weg von zu Hause, nördlich des Nordpolarkreises kaufte ich ein Poster, das mich viele Jahre auf den verschiedenen Stationen meines Lebens begleitet hat und in den verschiedenen Zimmern, die ich bewohnte, stets einen bevorzugten Platz einnahm. Erst sehr viel später habe ich etwas von dem verstanden, was mich damals zu diesem Kauf bewogen haben mag. Auf dem Schwarzweiß-Poster ist eine alte Lappin zu sehen, die ganz konzentriert auf ihre Pfeife blickt, die sie gerade anzündet. Es ist eine sehr alte Frau mit tiefen Falten im Gesicht, sie wirkt entspannt, konzentriert, die klaren Augen scheinen hellwach zu sein. Warum mag mich dieses Poster damals angesprochen haben? Ich kann aus heutiger Sicht darüber nur Vermutungen anstellen. Es war die Aufbruchsstimmung der späten 1960er, frühen 1970er Jahre, in denen auch wir uns im Aufbruch befanden. Wir waren solidarisch mit den kleinen Gruppen am Rande der vom Kapitalismus zunehmend erfassten Welt. Und es mag die Pfeife gewesen sein, ein kleines Indiz einer Eigenständigkeit, vielleicht von Eigenwilligkeit, von Freiheit, sich über Normen und Konventionen hinwegzusetzen, die wir uns auch für uns selbst wünschten. Das alles mag meine Sympathie geweckt haben und ein Motiv zum Ausdruck bringen, das mich bis heute nicht losgelassen hat.

Mit den Gesichtern der Alten hat es also eine besondere Bewandtnis. Wenn wir einem Menschen ins Gesicht sehen, sind wir kaum in der Lage, ihm Böses anzutun. Das Gesicht des Anderen weckt in uns eher ein Mitgefühl, eine Reaktion von Mitmenschlichkeit. Im Gesicht des Anderen erkennen wir ihn, Augen sprechen Bände, sagen wir, und wir glauben zu erkennen, ob sie lügen oder die Wahrheit sagen. Es ist die These des französischen Philosophen Emmanuel Levinas (1987), dass das Antlitz, wie er es nennt, etwas mit Ethik zu tun hat. Das Gesicht des Anderen fordert von uns Rücksichtnahme und eine verantwortliche Haltung. Diejenigen, denen wir ins Gesicht sehen, können wir nicht so leicht übersehen, nicht so ohne weiteres an den Rand drängen. Deswegen aber ist es so entscheidend, dass sich die Älteren unter uns mischen, dass sie sich nicht völlig zurückziehen, sich verstecken in der Abgeschiedenheit der Heime. Wenn sie uns ihr Gesicht präsentieren, verraten sie uns etwas über ihr Leben, und zwingen uns damit, ihnen »ins Gesicht zu sehen«. Doch diese ethische Haltung wird nur geweckt, wenn es authentische Gesichter sind, nicht die vom Face-Lifting entstellten.

4.1.7 Entspannen, schlafen, träumen –
In der Ruhe liegt die Kraft

Ist der Mittagstisch leer geräumt und der Abwasch erledigt, zieht sich Herr B. in sein Zimmer zurück, um sich ein wenig Ruhe zu gönnen. Nicht jeder sucht zum Mittagsschlaf sein Bett auf, manch einer begnügt sich mit dem Fernsehsessel oder der Wohnzimmercouch, um sich ein kleines oder auch größeres Nickerchen zu gönnen. Man weiß nicht genau, ob dem wirklich ein körperliches Bedürfnis nach Erholung zugrunde liegt oder ob es ein Ritual ist, das die erste Hälfte des Tages abschließt und ihm dadurch eine Struktur gibt, die im Alltag Älterer sonst schwer zu finden ist. Wenn über den Mittagsschlaf gesprochen wird, klingen aber noch andere Motive an, nämlich ein Gefühl der Genugtuung, sich ein kleines Privileg erobert zu haben, dem Alter ein Stückchen angenehmes Leben abgetrotzt zu haben. Der Neid der Jüngeren wird dabei mit verhaltener Freude in Kauf genommen. So ist der Mittagsschlaf für manche Älteren ein unverzichtbarer Beweis ihrer Lebensqualität, auf den sie niemals verzichten würden. Er scheint aber auch ein legitimiertes Stückchen Entspannung dazustellen, das sich Ältere zugestehen können. Viele lassen es ansonsten an der nötigen Selbstfürsorge fehlen, bei ihnen wirkt eine Erziehung nach, die auf Härte und Verzicht ausgerichtet war. Über eine solchermaßen erworbene Entsagungsbereitschaft, die die Entspannungsfähigkeit einschränkt, können sie nicht ohne weiteres hinweg. Allerdings fällt es der neuen Generation älterer Menschen leichter, ohne Schuldgefühle einfach zu faulenzen. Die Bedeutung, die sie Ruhe und Entspannung beimessen, hat sich in den vergangenen Jahren verdoppelt (Opaschowski, 1998), auch dies ein Hinweis auf den Wandel der Generationen.

Doch ist ein Mittagsschlaf auch sinnvoll? Manchmal hört man die Klage, dass sich der Schlaf in der Nacht nicht so ohne weiteres einstellen will. Dies ist der Preis. Die Gesamtschlafmenge reduziert sich entgegen vielfältiger Behauptungen im Alter nicht. So muss denn schweren Herzens die Zeit des Mittagsschlafs von der Gesamtschlafmenge abgezogen werden, und nur der Rest verbleibt für die Nacht. Darüber hinaus gibt es weitere Veränderungen des Schlafverhaltens im Alter. Auch wenn das Schlafbedürfnis insgesamt nicht abnimmt, so wird der Schlaf doch oberflächlicher, das heißt, es gibt weniger

Tiefschlafphasen, wodurch er störanfälliger wird. Außerdem bleibt die innere Uhr nicht stehen, sie befördert uns alle in Richtung Morgentyp, das heißt, der Zeitpunkt mit der tiefsten Körpertemperatur, der normalerweise bei etwa 3 Uhr nachts liegt, verschiebt sich nach vorn, manchmal sogar bis gegen Mitternacht. Dies führt zu früherer Müdigkeit und früherem Erwachen, was man ja landläufig als »senile Bettflucht« bezeichnet. Selbst wenn man bedenkt, dass über Veränderungen des Schlafverhaltens im Alter oft wenig Wissen vorhanden ist und infolge dessen häufig fälschlicherweise bei normalen altersbedingten Veränderungen von Schlafstörung gesprochen wird, steht doch fest, dass der Schlaf bei vielen Älteren gestört ist. Die Gründe hierfür sind vielfältig, und oft ist eine Schlafstörung Ausdruck einer anderen körperlichen oder psychischen Erkrankung. Viele, besonders leichtere Schlafstörungen lassen sich durch einige Korrekturen des Schlafverhaltens verändern. Dies ist nicht immer einfach, haben sich doch Schlafgewohnheiten oft über viele Jahre hinweg eingeschliffen. Diese Gewohnheiten spiegeln oft »deutsche Tugenden« wider und vermitteln eine gewisse Strenge und Härte; so besteht vielfach die Auffassung, Schlafzimmer müssten besonders kalt sein, und selbst im Winter wird das Fenster geöffnet. Dies ist alles andere als sinnvoll, kühlt doch der Körper zu sehr ab. Er steuert dann automatisch dagegen und produziert mehr Energie, wodurch der Schlaf beeinträchtigt wird. Zweifellos ist auch ein zu warmes Schlafzimmer ungünstig, weil der Körper nicht auf die Temperatur herunterkühlen kann, die für einen optimalen Schlaf förderlich ist.

Doch es sind nicht nur eingeschliffene ungünstige Gewohnheiten, die dem Schlaf abträglich sein können. Sich dem Schlaf zu überlassen, setzt eine Fähigkeit zur Passivität voraus, ein Sich-fallen-lassen-Können, um sich den »Mächten der Nacht« anzuvertrauen. Diese Fähigkeit basiert auf einem Urvertrauen, das früh im Leben erworben wird und in das sich im Alter oft ein Gefühl von Unsicherheit einschleicht, etwa dann, wenn Verluste zu verarbeiten sind oder der Alternsprozess selbst von Ängsten begleitet wird. Dann fällt es schwer, loszulassen, sich für die Nacht zu trennen und die Kontrolle des Wachbewusstseins aus der Hand zu geben. Ein Gefühl des Urvertrauens lässt in der Phase des Einschlafens gute innere Bilder entstehen, die den Übergang in den Schlafzustand erleichtern und Angstbilder beruhigen. Solche Ruhebilder vermitteln einen inneren Halt und können auch im Rahmen von Entspannungsübungen erlernt werden.

Die Schlafschule

Das Konzept für eine Schlafschule wurde von dem führenden deutschen Schlafforscher Jürgen Zulley (Zulley u. Knab, 2002) von der Universität Regensburg entwickelt. Es wird in Form von Wochenendseminaren in verschiedenen Kliniken in Deutschland (z. B. Rothaarklinik in Bad Berleburg) durchgeführt und von den Krankenkassen bezuschusst. Der Inhalt des Seminars bezieht sich auf folgende Themen: Schlafgewohnheiten, biologische Rhythmen, Tipps zum erholsamen Schlaf, Leistungsfähigkeit am Tage, Analyse der eigenen Belastungssituation und Entwicklung von Problemlösestrategien, Einführung in Entspannungstechniken (Autogenes Training und Progressive Muskelentspannung) sowie den Abbau von Bewegungsmangel (rückengerechtes Verhalten und Einführung in das Herz-Kreislauf-Training). Durchgeführt wird die Schlafschule von eigens geschulten Therapeuten.

Die nächtlichen Träume haben für viele Menschen etwas Beunruhigendes, und oft werden sie rasch vergessen. Dies mag auch im Alter verständlich sein, zeigen doch Untersuchungen, dass in den Träumen Älterer mehr unbekannte Personen auftauchen, also etwas Fremdes eindringt. Darin können sich Ängste vor dem Alter ebenso ausdrücken wie sich lange vernachlässigte, fremd gewordene Teile der eigenen Persönlichkeit regen können. Es kann sich um die verdrängten Komplexe der Vergangenheit handeln, die jetzt wieder ans Licht wollen, oder um unabgegoltene Wünsche aus früheren Zeiten, die keine Ruhe geben. Oft kommt im Alter das Gefühl auf, noch etwas zu Ende bringen zu wollen, was im Leben unerledigt geblieben ist. Was auch immer sich darin verbergen mag, dies herauszufinden kann den Erfahrungsschatz erweitern und mit tieferen Einsichten verknüpfen. Nicht vor den Ängsten zurückweichen, sondern sie als Wegweiser nutzen, kann Zugang zu Orten verschaffen, die für das Alter eine nicht zu vernachlässigende Bedeutung haben können.

Ein älterer Patient träumte kurz vor seinem 60. Geburtstag von dem neuen Haus, das er mit seiner Familie gerade bezogen hatte. Im

Traum trat die Sorge auf, ob zum Geburtstag auch die Treppe installiert sein werde, die von der ersten in die zweite Etage führt. Die Treppe ist in der psychoanalytischen Traumtheorie ein Symbol für das Verbindende, für den Übergang von einem Zustand in einen anderen, sie kann Auf- und Abstieg, Weiterentwicklung oder Rückentwicklung bedeuten. Es war also ein Bild, das in engem Zusammenhang mit dem Beginn des neuen Lebensabschnittes stand und das die Sorge zum Ausdruck brachte, es könne die Treppe fehlen und der Übergang in den neuen Lebensabschnitt misslingen; in die Therapie war der Patient mit dem Vorsatz gekommen, kein »knottriger« Alter werden zu wollen, und diese Angst regte sich wieder. Es enthält aber zweifellos auch die Hoffnung, vielleicht sogar etwas höher Gelegenes zu erreichen, womöglich einen Zustand der Reife und der Weisheit, insofern bringt das Bild der Treppe auch eine innere Ambivalenz zum Ausdruck. Schließlich wandelte sich sein Traumbild, es erschien eine Hütte, auf einem Berg gelegen und von Bäumen umgeben, an der Seite ein rauschender Bach, unten das Tal, über dem eine Dunstglocke hing. Man könnte hierin ein beruhigendes Bild erblicken, eine Schutzhütte zu erreichen, etwas entrückt von der Hektik des Lebens unten im Tal. Als Symbol für Geborgenheit könnte die Schutzhütte ein beruhigendes, Zuversicht und Hoffnung vermittelndes Altersbild zum Ausdruck bringen.

Freud hat in Träumen den Königsweg zum Unbewussten gesehen. Sie nehmen in der psychoanalytischen Therapie bis heute einen wichtigen Raum ein, weil sich in ihnen manches erkennen lässt, das sich dem Zugang durch unser rationales Denken entzieht. Freud hatte die Auffassung vertreten, dass im Unbewussten andere Gesetze herrschen als in unserem rationalen, bewussten Denken. Das Unbewusste ist weder logisch, noch orientiert es sich an zeitlichen Gesetzen, es ist der Zeitlichkeit entzogen, in ihm werden keine zeitlichen Vorgänge wirksam. Diese von Freud formulierte Annahme wird heute von Psychoanalytikern mit dem Altern in Verbindung gebracht (Radebold, 1992), was Freud selbst keineswegs beabsichtigt hatte. Wenn man nämlich seine These weiterdenkt, ist davon auszugehen, dass alles das, was im Unbewussten wirksam ist, im Alter unverändert fortwirkt. Das Unbewusste ist von unendlichem Reichtum, es enthält zwar unsere Ängste, aber eben auch unsere Wünsche und unser kreatives Potenzial, es bietet gewissermaßen ein Fundament, auf dessen

Grundlage sich unsere Entwicklung vollzieht. Wenn aber das Unbewusste dem Alternsprozess weitgehend entzogen ist, dann haben wir es hier mit einem Bereich unseres Seelenlebens zu tun, der Lebenskontinuität verspricht, ja der die Chance beinhaltet, daraus immer wieder Neues zu schöpfen. Deshalb kann es eine so bereichernde Erfahrung sein, mit seinen Träumen in Kontakt zu bleiben und sie für die eigene Selbsterkenntnis auch und sogar gerade im Alter zu nutzen.

4.2 Die innere Welt erneuern – Zwischen Abschied und Neubeginn

4.2.1 Die Entdeckung der Langsamkeit – Zu einem neuen Lebensrhythmus finden

In seinem Anfang der 1980er Jahre erschienenen Roman »Die Entdeckung der Langsamkeit« beschreibt Stan Nadolny (1983) das Leben des Seefahrers und Entdeckers John Franklin. Weil John schon als Kind besonders langsam ist, hat er es schwer, von seinen Spielkameraden anerkannt zu werden, und so malt er sich in seinen Phantasien aus, richtig rasen zu können. Im Bett liegend wünscht er sich, so wie die Sonne zu sein, die nur scheinbar langsam über den Himmel zieht, deren Strahlen aber schnell wie der Blick des Auges sind. Als er erwachsen wird, ändert sich allmählich seine Haltung. Stundenlang in einem Baum sitzend denkt er darüber nach, dass große Tiere sich langsamer bewegen als Mäuse oder Wespen. Vielleicht ist ja auch er ein heimlicher Riese, so denkt er, nur scheinbar klein wie die anderen, der in Wahrheit aber gut daran tut, sich vorsichtig zu bewegen, um niemanden totzutreten. Und über seine Tante denkt er, dass bei allzu schnellem Reden der Inhalt oft so überflüssig war wie die Schnelligkeit. Diese Gedanken verändern seine Haltung, er beginnt, seine Eigenart als strategischen Vorteil zu begreifen, unterstützt durch die Feststellung des Arztes, der seine Langsamkeit als »Sorgfalt des Gehirns gegenüber den Einzelheiten« diagnostiziert. So gewinnt er die Entschlossenheit, verbunden mit einem gewissen Eigensinn und verknüpft mit einer Haltung des Widerstandes, die ihn zu einem berühmten Seefahrer werden lässt, der nicht ablässt von dem Ge-

danken, in die Arktis zu reisen, um die sagenumwogende Nord-
westpassage zu entdecken.

Was hat der ältere Mensch mit John Franklin zu tun, wo doch das
aktive Alter das Leitbild unserer Zeit zu werden scheint und das Bild
des grauen, in sich gekehrten, vom Leben abgewandten Alten längst
passé ist? Heutige Ältere strahlen Selbstvertrauen aus, sind zuver-
sichtlich und entwickeln Unternehmungsgeist. Sie haben immer ein
Ziel vor Augen, die nächste Verabredung längst getroffen und den
bevorstehenden Urlaub geplant. Ein Werbespot zeigt einen braun-
gebrannten, athletischen, Souveränität ausstrahlenden älteren Ban-
kier, der an seinem letzten Arbeitstag einen von Stolz getragenen Blick
auf den leer geräumten Schreibtisch wirft, den Motorradhelm ergreift
und einem neuen, Abenteuer verheißenden Lebensabschnitt entge-
genbraust. Was also haben Ältere mit John Franklin zu tun?

In neuerer Zeit droht das einseitig negative Altersbild in ein ebenso
einseitig positives Bild umzukippen. Doch jede Einseitigkeit und
Überspitzung dient auch der Abwehr der anderen Seite, das Wesen des
Alters ist so nicht zu erfassen. Lässt man sich also nicht von dem ge-
schönten Bild des Alten auf seinem Motorrad täuschen, erkennt man
in John Franklin rasch die Älteren wieder, die die zunehmende
Langsamkeit als Last und Einschränkung erleben. Das körperliche
und kognitive Altern führt allmählich zu einer Verlangsamung ko-
gnitiver Funktionen wie etwa bei der Aufnahme und Verarbeitung
von Sinneseindrücken oder dem Abrufen von Informationen aus dem
Gedächtnis. Reaktionen erfolgen verzögert, das Aufstehen aus dem
Sessel kostet mehr Mühe und der ältere Mensch bewegt sich in der
Regel langsamer fort. Diese Verlangsamung körperlicher wie kogni-
tiver Vorgänge verleiht dem Leben eine andere zeitliche Prägung. Der
Ältere kann versuchen, sich diesen Veränderungen entgegenzustellen,
doch der dazu erforderliche Energieaufwand wird immer größer
werden. Erkennt er jedoch rechtzeitig die Signale des Körpers, kann
sich eine Tür öffnen, die hinausführt aus der manchmal bis zur Hyperaktivität gesteigerten modernen Lebensgeschwindigkeit. Sich die
Verlangsamung anzueignen bringt dann unmerklich einen veränderten Lebensrhythmus hervor. Daraus resultiert ein neues Gefühl der
Übereinstimmung mit sich selbst, etwas, das man auch als Authentizität bezeichnen könnte. Das Leben mündet keineswegs in Passivität
oder gar Stillstand, aber verfängt sich auch nicht in Schnelligkeit,

vielmehr entwickelt das Leben im Alter hier einen Eigenwert. Dies wird verständlicher, wenn wir uns vor Augen führen, dass viele Dinge, die etwas mit Würde zu tun haben oder denen wir besonderen Wert beimessen, auf Langsamkeit angewiesen sind, etwa Sinnlichkeit, genussvolles Essen oder das Betrachten eines Bildes im Museum, das Zeit erfordert. Ein tieferes Gespräch führt unwillkürlich zur Verlangsamung der Schritte, während Unrast zur Oberflächlichkeit verleitet. Auf einer Promenade entlangzuschlendern, den Müßiggang zu proben, einem heute so altmodisch erscheinenden Wort, kann zu einem erhabenen Gefühl führen. Eine öffentliche Zeremonie oder eine Prozession sind ebenfalls auf Langsamkeit angewiesen, sonst wirken sie lächerlich und würdelos.

Der rasende Stillstand

Der Soziologieprofessor Hartmut Rosa (2005) hat in einer sehr gründlichen Studie die Diagnose untermauert, dass unser gesellschaftliches Leben in Zeiten der Globalisierung in allen Bereichen einer Beschleunigung unterliegt, ja dieses Merkmal am ehesten die Globalisierung kennzeichnet. Er belegt dies anhand zahlreicher Beispiele aus dem Wirtschaftleben, der Technologie, aber auch aus dem Freizeitverhalten und stößt dabei auf das Paradoxon, dass wir, je mehr Zeit wir sparen, desto weniger Zeit haben. Manchmal entsteht also das völlig gegenteilige Gefühl einer ereignislosen Langeweile, eines quälenden Zeitstillstandes, als ob sich eigentlich nichts bewege, was den französischen Philosophen Virilio (1998) zur Diagnose des »rasenden Stillstandes« veranlasst hat. Sie bringt das Unbehagen zum Ausdruck, dass die Menschen angesichts der erlebten Beschleunigung empfinden. Ein sich immer weiter beschleunigendes Leben mag bei Älteren Entfremdungsgefühle verstärken, aber manchmal werden sie auch zur Projektionsfläche geheimer Sehnsüchte nach einem langsameren Leben und werden vielleicht gerade deswegen ausgegrenzt, weil sie Wünsche wecken, die als Bedrohung erlebt werden.

Wie der Zeitforscher Geissler (1998) schrieb: »Während wir uns mehrheitlich damit beschäftigen, noch schneller zu werden, sind die Langsamen vielleicht schon am Ziel, an dem die Schnellen immer wieder vorbeilaufen, so wie jene, die, weil sie sich verirrt haben, ihre Schrittgeschwindigkeit erhöhen und dabei häufig tiefer in jenen Wald hineingeraten, aus dem zu fliehen sie versuchen« (S. 38). Kann durch Langsamkeit das Alter die Würde erlangen, die sich doch alle älteren Menschen ersehnen?

Dem älteren Menschen fällt eine solche Langsamkeit nicht wie ein Geschenk zu. Die stärkere Freisetzung aus beschleunigten gesellschaftlichen Abläufen schafft lediglich die Voraussetzungen dafür. Der Ältere muss der Ruhelosigkeit unseres heutigen Lebens ein Stück weit entkommen und über die Zeit verfügen, die ein verlangsamter Lebensrhythmus verlangt. Diese Chance besteht erst im Alter, wenn die zeitraubenden Pflichten zurückgetreten sind. Zwar heißt es immer, Rentner hätten die wenigste Zeit, doch darin mag eher eine voreilige Anpassung an ein neues Altenbild zum Ausdruck kommen, dass auch dem älteren Menschen ein hektisches Leben abverlangt, damit dieser sich als wertvoll erleben kann. Man muss tätig sein, sonst ist man nichts, eine Norm, die auch Ältere verinnerlicht haben. Doch vielleicht gab es immer schon ein verborgenes Bedürfnis nach einem anderen Leben, das sich bisher nur im Urlaub entfalten konnte, jetzt aber mehr Geltung erlangen kann, auch wenn dieser Zugewinn an Lebensqualität den Makel des körperlichen Alterns trägt.

4.2.2 Von der Häutung des Selbst – Abschied und was dann?

Ich gehe zum Friseur, um mich dort eine halbe Stunde oder mehr – als Mann habe ich den Vorteil oder Nachteil, ganz wie man will, dass es etwas schneller geht – in fremde Hände zu geben. Die Chance des Friseurbesuchs liegt nicht nur in einer gewissen Verschönerung meines Aussehens, soweit dies möglich ist, sondern auch in einer gewissen Regression, ich kann den Blick schweifen lassen, der dann aber doch kaum meinem Abbild entkommt, das mir der Spiegel entgegenhält. Ich sehe mich selbst mindestens eine halbe Stunde lang, wenig Zeit eigentlich, doch so viel Zeit wie sonst nie, sich selbst zu betrachten, nicht ganz freiwillig, eher gezwungenermaßen, denn wohin sollte ich sonst schauen. So betrachte ich mich denn selbst, sehe meine Gesichtszüge, meine Körperhaltung, die hängenden Schultern nach einem arbeitsreichen Tag oder die aufrechte Sitzhaltung, zu der mich allerdings auch der Friseur aufgefordert hat, und ich sehe die grauen Haare und die zunehmenden Falten am Hals, wo man das Alter als Erstes erkennt. Nachdem ich mich erst einmal überwunden habe, den Blick auszuhalten, bin ich froh, nicht mit dem Friseur, der mir durchaus sympathisch ist, plaudern zu müssen. Ich kann mich auf mich selbst einlassen, und die Zunahme der grauen Haare seit dem letzten Mal gibt mir zu denken. Hat mich das Alter endgültig im Griff, nimmt nun das Schicksal seinen Lauf? Während der Friseur sich an meinen Haaren zu schaffen macht, dringe ich weiter vor in meine Gedankenwelt, streife vor und zurück, einmal in die Vergangenheit, dann wieder in die Zukunft, bekomme Gedanken zu fassen, die ich mitnehme, um sie später weiter zu verfolgen. Der Besuch beim Friseur war wieder einmal ein kleines Erlebnis in Sachen Selbsterfahrung.

Solch eine kleine Übung kann in einer Zeit, in der eine wichtige innere Umstrukturierung vonnöten ist, durchaus hilfreich sein. Gerade die Zeit des beginnenden Alters ist eine Zeit der Unsicherheit, in der oft Unklarheit darüber besteht, wer man eigentlich ist und wohin man gehört. Ein knapp 60-jähriger Mann brachte es in einer erregten Diskussion einmal auf den Punkt: »Manchmal ist es wie als Jugendlicher, ich weiß nicht, wohin ich gehöre, ich bin nicht mehr richtig jung, aber auch noch nicht alt.« Gerade der Beginn des Alters ist häufig eine Zeit der inneren Zerrissenheit, doch dieses Gefühl erfüllt einen wichtigen Zweck, kann es doch einen Prozess der Umstrukturierung in Gang bringen. Bisher schien das Leben ein Ziel zu haben, auf das es hinlief, geleitet von Idealen, die Orientierung vermittelten. Doch im Prozess des Älterwerdens verliert dieser Lebensplan seine Klarheit, manche von unseren Idealen haben wir erreicht, doch andere rücken in immer weitere Ferne. Und von dem, was wir erreicht haben, hat sich manches auch als keineswegs so ideal erwiesen, wie es uns in unseren Träumen erscheinen mochte. Das Leben mag zwar einerseits gesättigt sein, weil die Erfolge, beruflicher wie familiärer Art, ein hohes Maß an Selbstzufriedenheit haben entstehen lassen, andererseits hat es seinen illusorischen Charakter verloren, vielleicht sogar einen Anflug von Enttäuschung zurückgelassen, die selten ausbleibt, wenn Träume Wirklichkeit werden. Manches mal scheint eine Art von Nüchternheit eingekehrt zu sein, und wenn es schlecht läuft, verbleibt nur ein einförmiges Alltagsleben, das kaum mehr Höhepunkte zu bieten vermag.

Wie auch immer die Bilanz aussehen mag, der ältere Mensch steht vor eben dieser Aufgabe, bisherige Ideale und Ziele zu überprüfen und zu modifizieren. Hochgesteckte Ideale, die das Selbst hinauszutragen und dessen Grenzen zu erweitern versprachen, werden zunehmend fragwürdig. Es macht sich ein Gefühl breit, als ob sie nicht mehr passen, die Kleider einige Nummern zu groß sind. Doch sie abzustreifen gelingt nicht so ohne weiteres, sie sind zur zweiten Haut geworden, selbst wenn sie immer ein wenig zu groß waren. Es muss eine Art Häutung erfolgen, in zu großen Kleidern herumzulaufen, wirkt auf Dauer unpassend und birgt die Gefahr, sich lächerlich zu machen. Es gilt also, sich zu häuten, loszulassen, doch was ist eigentlich gemeint, wenn davon die Rede ist?

Loslassen ist ein umgangssprachliches Wort, das für psychologische Zusammenhänge verwendet wird, im Fach Psychologie selbst jedoch nicht gebräuchlich ist, obwohl damit natürlich ein fundamentaler psychischer Vorgang beschrieben wird. Loslassen müssen wir etwa, wenn wir einen uns nahe stehenden Menschen verlieren. Loslassen bedeutet jedoch auch, sich von bestimmten Vorstellungen oder Idealen zu trennen, so wie es der Alternsprozess von uns verlangt. Wir können nicht mehr die gleichen Ziele verfolgen wie in jungen Jahren, und wenn wir es tunt, so müssen wir doch Abstriche machen, es geht vielleicht langsamer, weniger perfekt. Mit loslassen ist eigentlich nichts anderes gemeint als das, was wir in einem anderen Sprachgebrauch Trauerarbeit nennen. Damit sind wir bei einem Begriff, den Sigmund Freud (1916) in seiner berühmten Arbeit »Trauer und Melancholie« geprägt hat. Was meint er damit? Im Grunde handelt es sich um einen Trauerprozess, einen Prozess, der durch Sich-Erinnern und Sich-Vergegenwärtigen dazu führt, von etwas Abschied zu nehmen, also ihm weniger emotionale Bedeutung zu geben. Es mutet wie ein Paradox an: Um sich von etwas trennen zu können, muss man sich ihm zuwenden, doch genau das ist gemeint. Voraussetzung für die Trennung von Idealen oder bisherigen Zielen ist die erneute Beschäftigung mit ihnen. Um sie in ihrer Bedeutung relativieren zu können, ist ein vielleicht nicht immer bewusst vollzogener Reflexionsprozess erforderlich, der zur Klärung der Frage führen kann: Was ist mir daran so wichtig, warum brauchte ich dies oder jenes, und brauche ich es immer noch? Warum ist es uns wichtig gewesen, etwa beruflich erfolgreich zu sein? Warum hat es uns besonders am Herzen gelegen, öffentliche Aufmerksamkeit zu erfahren oder eine besondere Position zu bekleiden, warum war das große, repräsentative Haus besonders wichtig, warum mussten wir uns in bestimmten Situationen hervortun, mussten in der ersten Reihe stehen, wollten besonders witzig oder besonders unterhaltsam erscheinen? Alle diese Fragen stellen wir noch einmal, um dabei womöglich die überraschende Feststellung zu machen, dem einen oder anderen zu viel Bedeutung beigemessen zu haben. Vielleicht erkennen wir auch, dass die Dinge ihre Zeit hatten, nun aber die Vorstellung des Verzichts darauf ihren Schrecken verliert. So kann sich eine allmähliche innere Umstellung vollziehen, und eines Tages stellen wir vielleicht fest, einverstanden zu sein, wenn das Leben die Hauptstraße verlässt und in die kleineren Nebenwege einbiegt. Die Aufmerksamkeitsrichtung verlagert sich, richtet sich nun auf bisherige Nebensächlichkeiten, die dadurch einen anderen Wert erlangen. Unmerklich verschieben sich die Blickrichtung und das Wertesystem, und man erlebt es vielleicht gar nicht mehr als Verlust.

Ist das Älterwerden also gekennzeichnet durch immer mehr Abstriche, und bleibt nichts anderes, als der nackten Realität nüchtern ins Auge zu sehen? Wie weit kann die Häutung des Selbst gehen, ohne dass das Selbstwertgefühl Schaden nimmt? Auch wenn das Selbst als Kern der Persönlichkeit eine widerstandsfähige Instanz ist, die auch die bedrückenden und belastenden Veränderungen des Alters zu überstehen vermag, so gibt es doch auch eine Notwendigkeit, es zu schützen. Wir tun dies offenbar auch dadurch, dass wir manches in ein rosarotes Licht tauchen. Untersuchungen zeigen, dass Menschen allen Alters dazu neigen, sich selbst und die Welt in einem etwas zu positiven Licht zu sehen. Depressive Menschen legen hingegen die realistischere Selbsteinschätzung an den Tag und sehen auch die Welt eher so, wie sie wirklich ist. Menschen brauchen offenbar ein gewisses Maß an Illusionen, um durchs Leben gehen zu können. Dies gilt im Alter umso mehr, ist das Selbst durch negative altersbedingte Veränderungen doch nun stärker bedroht als zuvor, so dass Ältere offenbar zum gleichen Mittel der inneren Umdeutung greifen. Sie schätzen in der Regel ihre Gesundheit besser ein, als sie tatsächlich ist, das Gemeinsame in der Ehe wird in einer Weise betont, die manche Zwistigkeit vergessen machen soll, oder sie schreiben die Vergangenheit positiv um, damit sie in einem günstigeren Licht erscheint.

Herr H., der seine Gebrechlichkeit durchaus realistisch einschätzte und das näher rückende Ende fast akribisch vorbereitete, betonte immer wieder, wie wunderbar doch sein Leben verlaufen sei. Die ihn gut kannten wunderten sich, hatte er doch früh die Eltern verloren und wusste nach der Entlassung aus der Kriegsgefangenschaft nicht wohin, denn ein zu Hause gab es nicht mehr. Gewiss, was er aus diesen schwierigen Startbedingungen gemacht hatte, das war bewundernswert, doch er schien das Negative kaum mehr wahrzunehmen. Auch die Ehe malte er nun in einem rosaroten Licht, obwohl sich alle an die heftigen Auseinandersetzungen erinnerten, die sich zwar abgeschwächt hatten, aber keineswegs völlig einer harmonischen Verbundenheit gewichen waren. Sicherlich kam darin auch Dankbarkeit dafür zum Ausdruck, dass es ihm vergönnt war, mit seiner Frau gemeinsam alt geworden zu sein und sie auch jetzt, wo das 90. Lebensjahr näher rückte, an seiner Seite zu wissen. Doch seine manchmal überraschend positive Umdeutung von Geschehnissen verblüffte immer wieder.

Auch wenn manches im Alter klarer und realistischer gesehen werden kann, so ist dies keineswegs die Zeit der großen Nüchternheit. Die Scheinwerfer, die manches im Leben heller erstrahlen lassen, als es wirklich ist, bleiben eingeschaltet, doch sie müssen anders ausgerichtet werden. Diese Neuausleuchtung ist ein unverzichtbarer Schritt und erfordert ein hohes Maß an psychischer Flexibilität, aber sie führt nicht zur Erhellung der ganzen Bühne. Manches verbleibt im Dunkeln oder wird jetzt durch einen Weichzeichner angestrahlt. In der psychoanalytischen Literatur ist viel über die Abwehrmechanismen im Alter geschrieben worden, also jene unbewussten psychischen Prozesse, die uns helfen, allzu Ängstigendes von uns fernzuhalten und Unerträgliches erträglicher zu machen. Wir finden sicherlich manches, was diese Annahme bestätigt: dass Gefühle verdrängt, dass Einsichten nicht zugelassen, eigene Gedanken anderen zugeschrieben oder offensichtlich Zusammengehörendes voneinander getrennt wird. Dies ist nicht gänzlich zu vermeiden und dient dazu, das Gleichgewicht des Selbst aufrechtzuerhalten und es vor allzu negativen Einflüssen zu schützen. Es kommt eher darauf an, solche Schutzmaßnahmen zu finden, die den Erlebnis- und Wahrnehmungsraum so wenig wie möglich einschränken, ja vielleicht sogar zur weiteren Entwicklung beitragen. Zu solchen reifen Bewältigungs-

beziehungsweise Schutzmechanismen, die im Alter besonders häufig anzutreffen sind, gehört etwa Altruismus, also das bevorzugte Sich-um-andere-Kümmern, die Sublimation, also das Finden von sozial akzeptierten und auch mit den eigenen Ansprüchen übereinstimmenden Formen des Umgangs, von Humor, der im Alter keineswegs verloren gehen muss, und von Weisheit. Insbesondere Letztere wird als Gewinn des Alters gesehen, als eine Form der Weiterentwicklung, die aber auf der anderen Seite auch dazu dient, Distanz zum älter und gebrechlicher werdenden Körper zu schaffen. Geist und Körper werden auf diese Weise womöglich mehr voneinander getrennt, sie bilden nicht mehr so selbstverständlich eine Einheit wie zuvor, so wie ja schon Platon die Hinfälligkeit des Körpers beklagt und die Unsterblichkeit der Seele hervorgehoben hatte.

Der tragische Tennisspieler

Was geschieht eigentlich, wenn ein solcher Prozess des Loslassens, also der Trauerarbeit, wie er eben beschrieben wurde, nicht gelingt? Nehmen wir einmal das Beispiel des Tennisspielers. Wenn der ältere Mensch eine ähnlich gute Leistung erbringen und genau so häufig als Sieger den Platz verlassen möchte wie in jungen Jahren, muss er sich womöglich weit mehr anstrengen als zuvor, doch früher oder später wird ihm auch dies nicht mehr gelingen. Und nun kommt ein entscheidender Punkt: Manche geben das Tennisspielen jetzt ganz auf, nur um heimlich an ihrem Ideal festzuhalten, das sie nicht aufzugeben vermögen, nach dem Motto: Ganz oder gar nicht. Damit aber tritt eine Situation ein, die depressive Gefühle hervorruft, eine alte psychoanalytische Auffassung, die der Psychologieprofessor Brandstätter (Brandstätter u. Rothermund, 1998) in seinen Untersuchungen bestätigen konnte. Ältere, die nicht loslassen können, haben höhere Depressionswerte, was leicht zu erklären ist: Sie leben in einer ständigen Diskrepanz, einerseits, um beim Beispiel zu bleiben, ihrem geliebten Tennis nun gar nicht mehr nachzugehen oder andererseits doch nur mit einer ständigen Unzufriedenheit mit ihrer Leistung aufgrund ihrer fortbestehenden Ansprüche. Diese Diskrepanz aber schmälert das Selbstwertgefühl so stark, dass fast zwangsläufig eine depressive Stimmung daraus folgt.

4.2.3 Mit den eigenen Wünschen in Kontakt –
Verborgenes wiederentdecken

Der große Philosoph Arthur Schopenhauer schrieb: »In ungünstigen Lebensumständen bleibt der ›Wille‹ ohne klare Zielvorgaben und muss sich nun in irgendeiner Erlebnisarbeit ausagieren, was den Menschen oft genug erst der Langeweile in die Arme treibt« (1851/1994, S. 44). Könnte das auch für Ältere gelten, wenn sie das Berufsleben abschließen und in einen neuen Lebensabschnitt eintreten, den es mit neuem Leben zu füllen gilt? In der Regel sind die Älteren am Beginn des Alters ja bei guter Gesundheit, sie leben in den meisten Fällen mit ihrem Partner oder ihrer Partnerin zusammen, und das in guten materiellen Verhältnissen, jedenfalls gilt das heute für die große Mehrheit der Älteren. Und sie verfügen plötzlich über Zeit, viel Zeit. Viele haben Pläne für den neuen Lebensabschnitt, aber nach anfänglichen Flitterwochen, die noch voller Aktivität sind – die Wohnung muss renoviert werden, man kann endlich den Schreibtisch ordnen und der Garten kann etwas mehr Pflege auch gut vertragen – kehrt oft eine Leere ein, die nicht eingeplant war. Erst jetzt wird vielen bewusst, wie sehr das bisherige Leben durch ihre berufliche Tätigkeit ausgefüllt war, die nun fehlt. Bei Kindern ist zu Recht auf die enge Verwandtschaft von Langeweile und Zappeligkeit hingewiesen worden, so stürzt sich denn auch der gelangweilte Pensionär mal in diese, mal in jene Aktivität, ohne an dem einen oder dem anderen Gefallen zu finden. Er wird getrieben von Unruhe, geht seiner Partnerin oder seinem Partner »auf die Nerven«, weil mit der Unruhe meist auch ein Appell an die Umgebung verbunden ist, ein sinnvolles Ziel von außen zu vermitteln, um aus der Langeweile herausfinden zu können. Und schon macht sich der gelangweilte Ehemann zum Leidwesen seiner Frau in der Küche zu schaffen und macht ihr das bisherige Terrain streitig.

Es mag sein, dass eher Männer von einem solchen Gefühl erfasst werden, da sie in der Regel stärker beziehungsweise einseitiger mit ihrem Beruf verbunden sind als Frauen, so dass sie nun größere Schwierigkeiten haben, ihr Leben mit neuem Sinn zu füllen. Wie also mit der Langeweile umgehen, die ja im Übrigen kaum ein Älterer zugeben wird, da er Gefahr liefe, sich als jemand darzustellen, der nicht mehr gebraucht wird. Jeder fühlt sich unter dem Druck, sich als geschäftig darzustellen, nur dann gilt er etwas. Wie heißt es doch: Rentner haben die wenigste Zeit. Mag ja sein, doch wie schade eigentlich. Warum muss man sich von einer Aktivität in die nächste stürzen, so dass keine Zeit bleibt, keine neue Zeit entstehen kann? Die Gefahr ist zweifellos auch, mehr den kulinarischen Genüssen zu frönen als zuvor, um die Leere aufzufüllen oder quasi aus dem eigenen Leben zu verschwinden, um sich als Dauerkonsument vor dem Fernseher wiederzufinden. Das Fatale ist, dass das Gefühl der Langeweile dadurch kaum verschwindet, im besten Fall wird es für eine Zeit überdeckt, um dann womöglich umso schmerzlicher wiederzukehren. Wie aber dann mit der neuen Zeit, mit der »langen Weile« umgehen?

Vor Gefühlen zu fliehen bringt kaum einer Lösung näher. Doch bringt es etwas, sich ihnen zu stellen? In der Psychoanalyse ist der Begriff des Sonntagsneurotikers bekannt, womit jener gemeint ist, der bevorzugt dann seine Symptome entwickelt, wenn er der Arbeit enthoben ist und Zeit hat. Psychoanalytiker sehen die Ursache darin, dass man nun den verbotenen Reizen und Verführungen umso ungeschützter ausgesetzt ist. Doch muss es wirklich verboten sein, was da wartet? Könnte nicht gerade das Lernen, mit den Verlockungen und Verführungen umzugehen, dem Leben mehr Sinn, mehr Erfüllung und mehr Lebendigkeit verleihen? So ähnlich verhält es sich auch mit der Langeweile, die beileibe kein leerer Zustand ist. Es ist vielmehr ein Unruhezustand, der von der Suche nach einem Anreiz begleitet wird. Der Zustand ist ungerichtet, und weil das Aufspüren eines Zieles, das dem Suchen eine Richtung geben könnte, nicht so ohne weiteres gelingt, wird er als so misslich, ja manchmal unerträglich erlebt. Es gibt sicherlich auch Formen der Langeweile, die Ausdruck einer Depression sind und mit dem Gefühl der Endgültigkeit einhergehen, dass sich nichts mehr verändern lässt, doch davon soll hier nicht die Rede sein. Vielmehr geht es um jene gesunde Langeweile, die insbesondere in Übergangszuständen ohne klare Zielrichtung auftritt. Genau das ist besonders nach dem Ausscheiden aus dem Beruf der Fall. Der Psychoanalytiker Kahn (1986) hat dieses Thema als »Das Brachliegen« geschrieben und meint damit, dass es sich um eine ungerichtete Suchbewegung handelt, die das Ich stärkt, einem Acker ähnlich, der ein Jahr brachliegen muss, damit auf ihm weiterhin auch Gutes gedeiht. Genau so brauchen seelische Entwicklungen leere

Zeiten und leere seelische Räume, so Kahn, damit daraus kreative Ich-Leistungen hervorgehen und sich die Räume neu anfüllen können.

Bringt die Emanzipation den Frauen im Alter einen Vorteil?
Betty Friedan zählte in den 1960er Jahren zu den Leitfiguren der Frauenbewegung. So wie damals von ihren Büchern entscheidende Impulse ausgingen, hat sie in den 1990er Jahren ein Buch mit dem Titel »Mythos Alter« (Friedan, 1995) geschrieben und damit vielleicht nicht die gleiche Wirkung erzielt, aber doch deutlich gemacht, dass sie ihre kämpferische Haltung bis in ihr eigenes Alter bewahrt hat. Sie setzt sich in ihrem Buch mit dem überholten, die Defizite betonenden Altersbild auseinander und liefert zahlreiche wissenschaftliche Belege für ein anderes Bild vom Alter. Vor allem aber führt sie vielfache Beispiele auf, wie Menschen im Alter noch einmal aufbrechen, sich entwickeln und erstaunliche Dinge zustande bringen. Es sind ausschließlich Frauen, die sie schildert. Ist das ihrer Voreingenommenheit zuzuschreiben oder können sich Frauen im Alter leichter entwickeln? Können sie zu einer zweiten Emanzipation gelangen, wenn von der ersten so manches auf der Strecke geblieben war? Einiges spricht dafür, dass es eher die Frauen sind, die ihrem Leben im Alter noch einmal eine Wendung verleihen können, wenn es ihnen gelingt, die Scham- und Schuldgefühle zu überwinden, die ihnen dabei im Wege stehen (Peters, 1999). Die Möglichkeiten der unwürdigen Greisin bei Brecht, die nach dem Tod des Mannes nach einer unglücklichen Ehe und einem kargen Dasein noch einmal zu neuen Ufern aufbrach, scheint heute vielen offenzustehen.

Der Freizeitforscher Opaschowski (1998) fasst seine Befragungsergebnisse zum Erleben des »Ruhestandes« zusammen: »Alle haben Träume und Sehnsüchte, wenn sie auf den Ruhestand zugehen, der zunehmend eine Aura von Befreiung erhält, die Emanzipation vom Wecker, die viele Zeit, die neuen Möglichkeiten. Sie orientieren sich dabei an einem Idealbild von Freizeit, das mit Spontaneität, Aktivität und Erlebnisorientierung verbunden ist. Alte Jugendträume und Sehnsüchte aus der Kindheit tauchen wieder auf, und fast alle haben den ewigen Traum von der großen Reise in ihrem Phantasierepertoire« (S. 81). Opaschowski führte die gleiche Befragung 1983 und 1997 durch und fand, dass die Glorifizierungstendenz des neuen Lebensabschnittes zugenommen hat, und dies dürfte sich seitdem weiter fortgesetzt haben. Die Befragten hatten die Vorstellung, das Leben nun fit, agil und dynamisch angehen zu können. Dieser Befreiungswunsch hat ohne Zweifel mit den zunehmenden Belastungen im Beruf zu tun, und das erhoffte Befreiungserlebnis scheint sich auch zunächst einzustellen. Doch dieser Effekt verpufft bald, immerhin 38 % der Ruheständler klagen über Einsamkeit und Langeweile, und zwischen beiden Befragungen hat sich der Anteil jener, deren Fernsehkonsum schon am Nachmittag beginnt, verdoppelt. Das Spektrum der Tätigkeiten ist sehr eng, und bei den meisten fällt die große Reise aus. Immerhin, sie können ihr Nichtstun mehr genießen und verspüren weniger Schuldgefühle dabei. Und schließlich: Das Interesse an kulturellen Veranstaltungen ist gestiegen und zunehmend mehr Ältere übernehmen ein Ehrenamt.

Dass es nicht immer nur das Amt des Kassierers im Fußballverein sein muss, zeigt Herr H., der einen in seiner Biographie eingebetteten Weg fand. Er hatte im Krieg seine Eltern verloren, die Geschwister waren in alle Winde zerstreut. Wohin also, als er aus der französischen Kriegsgefangenschaft entlassen wurde. Er blieb in Frankreich und lebte dort zehn Jahre, erst dann kehrte er mit seiner inzwischen gegründeten Familie nach Deutschland zurück. Doch die Liebe zu Frankreich blieb ihm erhalten. Und als er berentet wurde, pflegte er diese Leidenschaft nicht nur durch sein tägliches Glas Rotwein und ausgedehnte Reisen nach Frankreich, insbesondere in die französische Partnerstadt. Er nahm sich die verschiedenen Regionen Frankreichs vor, schrieb unzählige Briefe an Behörden, Tourismusbüros und alle möglichen Einrichtungen, um Material zu sammeln, das er dann für Ausstellungen zusammenstellte. So organisierte er eine Ausstellung nach der anderen, die im Stadthaus seines Wohnortes gezeigt wurden und vielen Bürgern ein ihnen fremdes Land näher brachte und manch einen sicherlich auch zu einer Urlaubsreise anregte.

Das, womit das Leben im Ruhestand ausgefüllt wird, muss also keineswegs gänzlich neu oder besonders originell sein. Doch an bereits vorhandene, vielleicht brachliegende Fähigkeiten, Vorlieben oder Leidenschaften anzuknüpfen, sie hinüberzuretten in einen neuen Lebensabschnitt, sie vielleicht auch auszudehnen und ihnen etwas

Neues hinzuzufügen, so wie es Herrn H. gelungen war, setzt ein gewisses Maß an Kreativität ebenso voraus wie Neugierde, Flexibilität und eine Risikobereitschaft, die erforderlich ist, um Neues erproben zu können. Damit aber wird eine Eigenschaft im älteren Menschen wachgehalten, die nicht nur Lebenssinn vermittelt, sondern die auch von den Schattenseiten des Alterns nicht so rasch verdunkelt wird. Der weltberühmte holländische Maler Willem de Kooning malte immer noch Bilder, für die Höchstpreise erzielt wurden, als er sich im fortgeschrittenen Stadium der Alzheimerschen Erkrankung befand und er nicht mehr in der Lage war, allein für sich zu sorgen.

4.2.4 Die Verbindung zur Vergangenheit – Die Kontinuität des Lebens erhalten

Frau M. war seit längerem in Psychotherapie. Dies zu erwähnen ist nur insofern wichtig, weil dadurch vermutlich eine gewisse Sensibilität geschaffen war, die dazu führte, dass eine Erfahrung in verdichteter Form auftrat, die sich bei anderen eher allmählich vollzieht. Sie war 63 Jahre alt, fühlte sich von ihrem Mann vernachlässigt und blickte auf eine schwierige Kindheit zurück, in der sich die Eltern früh getrennt hatten. An den Vater hatte sie kaum Erinnerungen, während das Bild der Mutter äußerst negativ gefärbt war. Diese war bald mit anderen Männern herumgezogen, und was dies für sie als zehnjähriges Mädchen bedeutete, war ihr erst jetzt deutlich geworden. Nun geschah Folgendes: Sie hatte gerade geduscht und sich nur ein Top mit Spaghetti-Trägern übergestreift. Achtlos ging sie am Spiegel vorbei und warf mehr zufällig einen Blick hinein. Was sie sah, erschreckte sie zutiefst. Sie erblickte nämlich nicht sich selbst, sondern hatte plötzlich das Gefühl, die eigene Mutter zu sehen. Dieses Gefühl ließ sie nicht mehr los und sie hatte sich mit der Gewissheit anzufreunden, der Mutter mit zunehmendem Alter ähnlicher zu werden.

Im Alter rückt die Vergangenheit wieder näher, so sagt man, und es scheint tatsächlich so zu sein, dass dann, wenn sich die Zukunft verkürzt, die Vergangenheit mehr inneren Raum ausfüllt. Doch ist das wünschenswert, oder führt das nur zu einem Erschrecken, wie bei der eben geschilderten Patientin? Soll man das Vergangene auf sich beruhen lassen, nicht womöglich alte Wunden aufreißen und schmerzliche

Erinnerungen an verpasste Chancen wecken? Und landet man nicht unweigerlich bei dem, was Wolf Biermann einmal besungen hat: »Soll das denn alles gewesen sein?« Alles das ist möglich, doch sich aus diesem Grund von der Vergangenheit abzuwenden hieße, sich von seinem eigenen Leben abzuwenden. Es ist ohnehin unvermeidlich, sich im Alter wieder mehr mit Vergangenem zu befassen, die Veränderung des Zeithorizontes bewirkt dies unweigerlich. Doch es geht nicht allein darum, aus der Not eine Tugend zu machen, und auch die oben geschilderte Patientin blieb keineswegs bei ihrem Erschrecken stehen. Vielmehr nahm sie diese plötzliche Begegnung mit ihrem Alter, von dem sie vorher nichts wissen wollte, zum Anlass, sich an die Mutter zu erinnern. Zunächst kamen die zwiespältigen Erinnerungen an ihre Unzuverlässigkeit, an ihren Hochmut, ihre Selbstbezogenheit, doch allmählich fielen ihr andere Geschichten ein, und das im Laufe der Zeit etwas klischeehaft geronnene Bild der Mutter differenzierte sich zusehends. Damit verschwanden die unangenehmen Erinnerungen nicht, aber sie wurden durch andere, auch positive Erinnerungen ergänzt. Das tat Frau M. gut, gab ihr neue Zuversicht, und der Schrecken, der sich zuerst eingestellt hatte, als sie das Bild der Mutter im Spiegel zu erblicken glaubte, wurde abgelöst von dem Gefühl, eine neue innere Begleiterin gefunden zu haben, die ihr auf ihrem Weg ins Alter zur Seite stehen konnte.

Schön ist die Jugend, oder?

»Schön ist die Jugend«, so heißt es in dem Liedrefrain, mit dem mancher Seniorennachmittag und manche Familienfeier endet, und wenn es heißt, »… und sie kommt nicht mehr«, dann kommt ein wenig Wehmut auf, und mancher geht mit etwas melancholischen Gedanken an seine Jugendzeit nach Hause. Ältere Menschen denken öfter an ihre Jugendzeit zurück, und in ihren Erzählungen tauchen häufiger Erlebnisse aus dieser Zeit und dem frühen Erwachsenenalter auf (Habermas, 2005). In diese Zeit fallen natürlich viele besonders prägende Erlebnisse, der erste Kuss, der Führerschein, der Auszug von zu Hause und vieles mehr, alles das, was erstmalig oder einmalig geschah. Es sind aber nicht immer diese normativen Erlebnisse, also solche, die nahezu jeder in einem bestimmten Zeitabschnitt erlebt, manchmal sind es auch ganz individuelle, scheinbar am Rande liegende, vielleicht gerade dadurch besonders bedeutsame Erlebnisse, die der eigenen Entwicklung eine spezifische Richtung verliehen haben, beispielsweise jemandem begegnet zu sein, der einen bleibenden Eindruck hinterlassen hat, wie jener ältere Mann, der in jungen Jahren einem Pater begegnet war, mit dem er sich eine ganze Nacht lang in ein so intensives Gespräch vertieft hatte, wie es mit seinem Vater nie möglich gewesen war. In dieser Nacht hatte er sich entschieden, sein BWL-Studium an den Nagel zu hängen und Priester zu werden. Gelegentlich ranken sich so etwas wie Ursprungsmythen um diese Erlebnisse, und sie bekommen im Rückblick eine besondere Bedeutung im Zusammenhang mit der Frage »Wer bin ich?«. Es handelt sich also oftmals um Erlebnisse, die zumindest im Rückblick unsere Identität mit geformt haben. Oft sind es auch generationsspezifische Erlebnisse, die bis ins höhere Alter bestimmten Vorlieben, etwa dem Musikgeschmack, zugrunde liegen. Und bei manchen kommt eine sehnsüchtige Note hinzu, wenn mit Erinnerungen das Gefühl verbunden ist, etwas versäumt zu haben.

So wie die Patientin Geschichten erzählte, zunächst von der Mutter, dann aber auch von anderen Menschen, bevölkerte sich ihre Lebensgeschichte, sie wurde bunt und erlebnisreich, und es machte ihr sichtlich Freude, davon zu erzählen. Viele Ältere erzählen gern und sie sind gute Erzähler. Die Vergangenheit vergegenwärtigt sich in Erzählungen, und es kann dem eigenen Selbstwertgefühl zuträglich sein, sich vor Augen zu führen, dass das eigene Leben nicht fad und grau gewesen ist, sondern erlebnisreich. Sich mit Stolz an den Mut erinnern, den man vielleicht in der ein oder anderen Situation aufgebracht hat, an die Krisen, die man gemeistert hat, und die interessanten Menschen, denen man begegnet ist, öffnet den seelischen Raum und belebt die innere Bühne. Sich die eigene Lebensgeschichte erzählend anzueignen stellt eine wichtige Ressource für das Alter dar. Für den älteren Menschen selbst ergeben sich daraus gleich mehrere positive Effekte: Der Rückblick auf das, was gelungen ist im Leben, stärkt das Selbstwertgefühl, Erzählen schafft Beziehungen zu anderen Menschen, und die eigenen Enkelkinder, die ja oft besonders gute Zuhörer sind, werden auf diese Art und Weise in die Familiengeschichte eingebunden und es wird familiäre Kontinuität hergestellt. Doch auch der Ältere selbst erlebt sich in seiner Kontinuität, die Lebensgeschichte erscheint als etwas Ganzes, das nicht in Teile zerfällt, sondern wo sich das eine aus dem anderen ergeben hat. Es sind nicht die Zufälle, die einen durchs Leben getrieben haben, nicht allein das Schicksal, das es mehr oder weniger gut mit einem gemeint hat, und auch nicht die anderen, denen man nun Vorwürfe machen kann. Gewiss, jeder wird an seinen Platz gestellt im Leben, aus dem er etwas zu machen hat. Zu erleben, dass alles einen Sinn hat, auch wenn es schmerzliche Erlebnisse waren, wenn das Leben in Sackgassen oder gar an Abgründe geführt hat, dies alles dennoch als eigenes, einziges Leben anzunehmen und zu akzeptieren, wurde von dem großen Psychoanalytiker Erik H. Erikson (1973) als die wichtigste Aufgabe des Alters herausgestellt. Er hat hierfür den Begriff der Ich-Integrität gefunden, einen Zustand, den er so beschreibt: »Er bedeutet die Annahme seines einen und einzigen Lebenszyklus und der Menschen, die in ihm notwendig da sein mussten und durch keine anderen ersetzt werden können. Er bedeutet eine neue, andere Liebe zu den Eltern, frei von dem Wunsch, sie möchten anders gewesen sein, als sie waren, und die Bejahung der Tatsache, dass man für das eigene Leben allein verantwortlich ist« (S. 119). Als Gegenpol beschreibt er das Gefühl der Verzweiflung, in dem der Ältere damit hadert, dass die Zeit zu kurz ist, ein neues Leben zu beginnen.

Gewiss, Erzählungen verlieren sich manchmal in Weitschweifigkeit, und gelegentlich erreichen sie den Zuhörer nicht, weil sie sich in den häufigen Widerholungen längst erschöpft haben. Wenn die Wiederholung ein Phänomen ist, durch das die Welt Bestand hat, wie bereits Kierkegaard (1843/1955) meinte, dann liegt es auf der Hand, dass diese Bestandssicherung im Alter an Bedeutung gewinnt, und die ritualisierten Abläufe, die dem Alltag des Älteren ihren Stempel aufdrücken, bestätigen das Bedürfnis nach Wiederholung. Dem Psychoanalytiker Hillman (2004) zufolge befriedigt der Ältere in der Wiederholung sein Bedürfnis nach dem Identischen. Man könnte diese Aussage so verstehen, als ob in der Wiederholung den Ereignissen, die erzählt werden, eine ewige Wichtigkeit verliehen und dadurch ein Stückchen Stabilität und Dauerhaftigkeit hergestellt wird, gewissermaßen als Vorgeschmack des Ewigen. Und doch finden wir in den Erzählungen Älterer auch das gelebte Leben wieder, die Erfahrungen, die es geprägt haben, und die Anekdoten, die es mit einer besonderen Note versehen haben. Und oft genug können sie das Erlebte auf packende, fesselnde Art weitergeben, und dabei kommt ihnen zugute, dass sie das Leben noch in anderer Weise erfahren haben als Jüngere. Müssen wir uns heute mit allerlei komplexen, oft abstrakten Zusammenhängen auseinandersetzen, wofür das Internet, in der Raum und Zeit keine Rolle mehr spielen, nur eine Ausdrucksform ist, stellte sich dem heute Älteren die Wirklichkeit in seiner Jugend anders dar. Hier war überschaubares Handeln gefragt, jeder musste anfassen, das Leben drängte sich dem Einzelnen in einer sehr konkreten Form auf und musste täglich neu bewältigt werden. Es waren nicht nur mehr handfeste Aufgaben zu bewältigen, es lebten auch mehr Menschen auf dichtem Raum, dadurch war das Leben auf eine bestimmte Art und Weise auch ereignisreicher. Sind Erfahrungen im Internet in der Regel flüchtiger Art, Bilder wechseln mit einer Schnelligkeit, dass kaum etwas besonders haften bleibt, so bleibt das gemeinsam bewältigte, alltägliche Leben vermutlich besser in Erinnerung, und zwar in Form von Anekdoten, Begebenheiten, Erfahrungen, die sich in Erzählform wiedergeben lassen. Möglicherweise haben zukünftige Ältere weniger zu erzählen. Dass dies eine Verarmung wäre, muss wohl nicht betont werden.

Was das Fotoalbum verrät

Die Wohnungen Älterer sind oft mit Erinnerungsstücken angefüllt: in der einen Ecke Souvenirs aus irgendeinem Urlaub und in der anderen eine Vase, die sie zur Silbernen Hochzeit geschenkt bekamen. Und im Schrank ein altes Foto vom verstorbenen Mann und in der Vitrine eines von den weiter entfernt lebenden Kindern und irgendwo im Regal das Fotoalbum mit den alten Familienbildern. Von Zeit zu Zeit, vielleicht wenn die Geschwister zu Besuch kommen, wird das Album hervorgeholt und Erinnerungen werden ausgetauscht, die durch die Fotos angeregt werden. Der französische Soziologe Pierre Bourdieu (2000) nannte Fotos einen magischen Ersatz für das, was die Zeit zerstört hat. Dieser Ersatz tröstet, hält das Verlorene fest und schafft dadurch eine versinnbildlichte Lebenskontinuität. Das melancholische Element, das jeder Fotografie innewohnt, mag vielleicht dann ein wenig spürbar werden, wenn Frau A. das

Album an einem langen Winterabend zur Hand nimmt und darin blättert. Jetzt, wo die Schwester vorbeigekommen ist, erinnern sie sich an die fröhlichen Momente und das harmonische Familienleben, das auf den Fotos festgehalten ist. Doch neulich haben sie auch einmal genauer hingeschaut und sind dabei darauf gestoßen, dass Frau A. selbst auf manchen Fotos am Rande steht und manchmal sogar in eine andere Richtung schaut, während die Schwester immer in der Nähe des Vaters auftaucht. Und die Mutter, warum verzieht sie nur immer das Gesicht? Solche und ähnliche Details können etwas verraten über innere Gefühlszustände und darüber, wie die abgebildeten Personen zueinander standen; ein Phänomen, das bei Familienaufstellungen, wie sie manchmal in der Familientherapie durchgeführt werden, genutzt wird, um mehr über frühere Beziehungen zu erfahren. Die betreffende Person stellt die therapeutische Familie so auf, wie sie ihre eigene Familie in Erinnerung hat, gewissermaßen wie auf einem Familienfoto. Oft kommt dabei Verblüffendes zum Vorschein, und der Betreffende kann etwas verstehen, dass ihm bislang rätselhaft erschien.

4.2.5 Warum Ältere so schnell gerührt sind – Zeit und Zeitlichkeit

Herr M., so um die 50, brach mit seiner Frau und der etwa 15-jährigen Tochter zu einer vielleicht etwas nostalgischen Reise auf. Es ging für ein verlängertes Wochenende nach London, wo er als Jugendlicher einige Male gewesen war, das erste Mal vor mehr als 30 Jahren. Gerade 18 Jahre alt, also unwesentlich älter als die Tochter jetzt, war er mit Freunden auf seiner ersten großen Reise ohne Eltern in London gewesen. 1970 war eine Zeit voller innerer Bewegung und äußerer Aufbruchstimmung, und London war das Zentrum dieser jugendbewegten Zeit, als deren Teil er sich damals fühlte. Nach London hatte es ihn und seine Freunde damals gezogen, um etwas von der Aufbruchstimmung aufzusaugen und sich ein wenig tragen zu lassen von dem Gefühl, Teil dieser Bewegung zu sein. Einmal liefen sie natürlich auch über den Zebrastreifen in der Abbey Road, der durch die Beatles eine für einen Zebrastreifen einzigartige Berühmtheit erlangt hatte. Doch die meiste Zeit standen sie am Piccadilly Circus, denn dort war das Gefühl des Aufbruchs greifbar, auch dann, wenn nichts zu sehen war außer der Hektik des Verkehrs und der Leuchtreklame, im Kopf spielte sich genug ab. Und nun stand er wieder da, wo er schon vor 30 Jahren gestanden hatte, und natürlich kamen die alten Bilder wieder. Am nächsten Tag sah er zufällig ein Plakat, das ihn sofort elektrisierte: In der legendären Royal Albert Hall spielten John Mayall und Peter Green, zwei Größen der Blues- und Rock-Geschichte, zwei Veteranen auf der Bühne. Die erste LP, die er sich damals Ende der 1960er Jahre selbst gekauft hatte, war von John Mayall gewesen, dem legendären Blues-Musiker, durch dessen Schule viele spätere Rockgrößen gegangen waren. Sein Vater hatte damals voller Unverständnis reagiert und wortlos den Raum verlassen. Er ergatterte drei der letzten Karten, und sie gingen gemeinsam zum Konzert, das zum bewegenden Erlebnis wurde. John Mayall, bereits 67 Jahre alt, strahlte eine Beweglichkeit und frische Jugendlichkeit aus, die auch ihn sogleich erfasste. In ihm entstand eine Stimmung, die die Vergangenheit wieder aufleben ließ, die neben die Gegenwart trat. Und als Peter Green, der Begründer der Gruppe Fleetwood Mac, sein altes Lied von 1969 »A man of the world«, ein langsames, melancholische Lied, mit seiner Gruppe instrumental spielte, fiel ihm sofort die erste Zeile wieder ein »Could you tell me about my life …« oder so ähnlich. Ihm liefen die Tränen die Wange hinunter. Für einen Moment schien die Vergangenheit in sein Leben zurückgekehrt und mit der Gegenwart eins geworden zu sein. Es war eine Mischung aus Melancholie und Hoffnung, die Vergangenheit war nicht untergegangen, sie lebte, und dies war die eigentliche Erfahrung. Mit dem Älterwerden ist das Gefühl verbunden, dass die Zeit davon läuft, uns fortreißt von unseren Träumen und Wünschen und uns die Zukunft raubt, und doch gibt es Augenblicke, in denen Menschen aus der Zeit herauszutreten scheinen, für einen Augenblick ihrem stetigen Fluss entkommen. Wenn die Vergangenheit nicht völlig untergegangen ist, dann kann die Macht der Zeit nicht unbegrenzt sein, dann liegt in diesen Erlebnissen ein Stückchen Zeitlosigkeit. Und zugleich wird die Kürze des Lebens spürbar. Wenn die Zeit, die vergangen ist, so rasch, gewissermaßen in einem einzigen Augenblick überbrückt werden kann, dann schmilzt das Leben zusammen, und dies ist unweigerlich mit einem Gefühl der Wehmut und Melancholie verbunden, das sich mit einem Glücksgefühl mischt.

Es handelt sich um ein emotionales Erlebnis, dass Ältere häufiger bewegt und sie so schnell gerührt sein lässt. Auf einer Familienfeier begegnet man einer alten Tante, die man seit vielen Jahren nicht gesehen hat, und schon fließen bei ihr die Tränen vor Rührung. Viele Ältere sind rasch innerlich bewegt, wenn sie sich an Früheres erinnern und eine Gefühlsmischung von Freude, Sehnsucht und vielleicht auch Schmerz entsteht. Indem uns in der Erinnerung das Vergehen der Zeit bewusst wird, wird die Begrenztheit der Lebenszeit klarer. Zugleich lernen wir dabei, die Zeit, die so schwer zu fassen ist, besser zu begreifen. Sie wird für einen Moment wahrnehmbar, und vielleicht erleben wir deshalb solche Augenblicke besonders intensiv. Das Sich-Erinnern – darin ist das Wort »innen« enthalten, es führt also nach innen – dient dazu, die Zeit zu begreifen, die ansonsten ungreifbar bleibt, aber uns dennoch beherrscht. Die Zeit tritt in ihrer Doppelfunktion hervor, als die Mutter ist sie die Quelle des Lebens und andererseits ihre Vernichterin.

Dieses Bedürfnis, die Zeit begreifen, ja sie festhalten zu wollen, nimmt im Alter zu. In jungen Jahren scheint die Zeit unwichtig, sie kann nicht schnell genug vergehen, man möchte älter werden, um endlich die eigenen Zukunftsträume angehen zu können, eine Zukunft, die unbegrenzt erscheint. Doch in der Mitte des Lebens verändert sich das Lebensgefühl, und das hat viel mit einer veränderten Zeitwahrnehmung zu tun. Die nun erstmals sichtbar werdenden körperlichen Veränderungen, das Sich-Verschließen beruflicher Optionen, das Erwachsenwerden der eigenen Kinder und das Altern oder bereits Versterben der Eltern verschaffen eine Vorstellung von der Endlichkeit des Lebens. Das Lebensgefühl wird nun weniger von den Jahren geprägt, die man schon gelebt hat, als vielmehr von den Jahren, die noch verbleiben. Es wächst eine Vorstellung von der Möglichkeit des eigenen Todes. Viele Ältere allerdings versuchen, sich dem Fluss der Zeit entgegenzustellen, die Anti-Aging-Angebote werden nun besonders attraktiv.

Müssen wir uns einfach damit abfinden, dass die Zeit immer weiter voranschreitet, müssen wir uns ihr nun endgültig beugen? Wir können dieses Gefühl relativieren, wenn wir uns den modernen Zeitbegriff anschauen, der sich von dem unserer Vorfahren unterscheidet. In der Vormoderne hat man sich mehr an Ereignissen orientiert. In der Formulierung »Ach, das war doch, als …« spiegelt sich der Rest eines zyklischen Zeitverständnisses, das sich mehr an den Naturabläufen orientiert. Es geht von der zyklischen Wiederkehr der Abläufe der Natur, der Mondzyklen, der Jahreszeiten aus. Ein solches Zeitverständnis wurde mit dem Siegeszug des Kapitalismus mehr und mehr abgelöst durch ein lineares Zeitverständnis. Zeit ist Geld, so lautete nun die Devise, und wir alle haben uns daran gewöhnt, ständig die Uhr im Blick zu haben, unser Leben zu verplanen und zu organisieren. Zeit wird dadurch reduziert auf eine lineare, irreversible, sinnentleerte Zeit. Ein solches Zeitverständnis aber beraubt der Zeit all ihrer Bedeutungen und legt sie auf eine einzige fest: die ihres Vergehens. Nur der Körper folgt nach wie vor einem zyklischen Zeitrhythmus, was am deutlichsten im Schlaf-Wach-Rhythmus zum Ausdruck kommt. Das Alter fordert, den Rhythmus des Körpers wieder mehr zu beachten, zugleich bietet es die Chance, sich wieder ein Stück dem linearen Zeitverständnis zu entziehen, ist der Ältere doch weniger in Abläufe eingebunden, die diesem Diktat unterliegen. Er kann zu einem andern Lebensrhythmus finden, der wieder mehr einem zyklischen Verständnis von Zeit folgt. Sich wieder mehr einem solchen Zeitverständnis anzunähern, so die Psychotherapeutin Ingrid Olbrich (1998), entlastet von der Vorstellung, sich etwas beweisen zu müssen; es wird unwichtig, wer am größten, schnellsten, innovativsten ist. Zeit wieder zyklisch zu erleben, bedeute erst einmal: Verfügungsmacht, Machertum und Größenvorstellungen abzugeben.

Infolge eines zyklischen Zeitverständnisses entwickelt sich ein anderes Weltverständnis und eine andere Haltung zum Leben, zu dem dann auch der Tod selbstverständlicher gehört. Es entsteht ein Lebensgefühl, das nicht mehr von Erfolgen und vom Leistungsdenken abhängig ist, sondern das mehr eingebunden ist in Abläufe der Natur und des Wechsels von Werden und Vergehen, von Leben und Tod, Abläufe mithin, die über den individuellen Horizont hinausreichen. Man könnte von einer transzendenten Haltung sprechen, einer Haltung, sich selbst eingebettet zu erleben in überindividuelle Abläufe. Ein solches Erleben erleichtert die Annahme der eigenen Endlichkeit.

Eins, zwei, drei im Sauseschritt, läuft die Zeit, wir laufen mit, oder: Warum das Leben schneller vergeht, wenn man alt wird

Wie in einer Sanduhr, in dem zum Ende hin die Sandkörner immer schneller ins andere Glas zu rinnen scheinen, so ist es auch mit den Jahren, die im Alter immer schneller dahinzufliegen scheinen. Der holländische Psychologieprofessor Douwe Draaisma (2004) hat sich in dem Buch »Warum das Leben schneller vergeht, wenn man älter wird« mit der Frage befasst, wie dieser Eindruck entstehen kann. Eine schon alte philosophische Erklärung suggeriert, dass die Länge eines Zeitraums im Leben einer Person im Verhältnis zur Gesamtlänge des Lebens steht. Ein zehnjähriges Kind erfahre ein Jahr als ein Zehntel seines Lebens, ein Mann von 50 als ein Fünfzigstel. Doch Draaisma gibt sich mit dieser Beschreibung nicht zufrieden, er sucht nach weiteren Erklärungen. Eine beruht auf dem Vergleich mit einer räumlichen Perspektive. So wie uns eine Entfernung weiter erscheint, wenn sich Gegenstände dazwischen befinden, so erscheint uns Zeit länger, wenn sie durch ungewöhnliche und abwechslungsreiche Ereignisse gefüllt ist wie in der Jugendzeit. Das Alter hingegen gleicht eher dem ständig gleichen Bühnenbild des klassischen Theaters, die Vorstellung von Zeit verkürzt sich dadurch, auch wenn die einzelnen Tage langsam dahinzukriechen scheinen. Wer subjektiv lange leben will, sollte somit den Trott so oft wie möglich durchbrechen. Auch in der Erinnerung spielt ein ähnlicher Effekt eine Rolle. In Experimenten zeigt sich, dass Ältere die meisten Erinnerungen an die Zeit zwischen dem 15. und 25. Lebensjahr haben, dies scheinen besonders wichtige Jahre zu sein, die auch in der Erinnerung ausgedehnt erscheinen, während die darauf folgenden Lebensabschnitte, die weniger Erinnerungen enthalten, als beschleunigt erscheinen. Draaisma führt eine Fülle weiterer Überlegungen an, von denen noch eine genannt sei: In unserem Körper ticken physiologischer Taktgeber – Atmung, Blutdruck, Herzschlag, Hormongabe, Zellteilung etc. –, die sich im Alter verlangsamen, dadurch kann subjektiv der Eindruck entstehen, als ob sich die Außenwelt beschleunige. Objektive Verlangsamung schafft subjektive Beschleunigung, so das Paradoxon, und dabei spielt die Geschwindigkeit der biologischen Uhr eine Rolle.

4.3 Mit der äußeren Welt in Kontakt bleiben

4.3.1 Alte Eltern und ihre Nachkommen –
Eine Beziehung auf dem Rückzug?

Die Großmutter sitzt neben dem Ofen, strickt dabei ein Paar Socken und erzählt den Enkelkindern Geschichten. Der Großvater hat sich schon angeboten, anschließend mit ihnen in den Hobbykeller zu gehen, um gemeinsam etwas zu basteln oder zu handwerken. Das Bild ist sicherlich antiquiert und heute ist vielleicht eher der baldige Besuch im Freizeitpark angesagt als der Hobbykeller. Aber die Bedeutung der Enkelkinder für ältere Menschen hat sich sogar noch gesteigert, legt man die Befragungsergebnisse von Opaschowski (1998) zugrunde. Die Beziehung zu ihnen trägt zur Sinngebung bei, erlaubt es, Erfahrungen weiterzugeben, und manchmal ergibt sich dadurch auch die Möglichkeit, etwas nachzuholen oder wiedergutzumachen, was man an den eigenen Kindern versäumt hat. Schließlich profitieren die Älteren von der Spontaneität und Phantasietätigkeit der Kinder, sie lassen sich davon anstecken und erfahren dies als Bereicherung ihrer Persönlichkeit. Und doch geht die allerorten postulierte Veränderung der familiären Beziehungen in unserer Zeit auch an dieser scheinbar so heilen Welt nicht spurlos vorüber.

Zunächst einmal ist auf die Verlängerung des Lebens hinzuweisen, die auch die Familienbeziehungen verändert. Eine Konsequenz ist, dass mehr Generationen gleichzeitig leben als jemals zuvor. Damit ist verbunden, dass die Großeltern die Enkelkinder aufwachsen, aber auch erwachsen werden sehen. Die Betreuung der Enkelkinder erstreckt sich also bei weitem nicht auf das gesamte, heute so ausgedehnte Alter. Vielmehr müssen die Großeltern miterleben, wie auch die Enkel sich abzulösen beginnen und ihren eigenen Lebensweg einschlagen. Sie erleben also ein zweites Mal den Ablösungsprozess, den sie bereits bei den eigenen Kindern erfahren haben. Erreicht der Ältere das betagte, eingeschränkte Alter, sind die Enkelkinder in der Regel längst erwachsen und stehen kaum mehr als Lebenselexier zu Verfügung. Das erste »empty nest«, das entsteht, wenn die eigenen Kinder das Haus verlassen, führt keineswegs durchweg zu einer Lebenskrise, wie lange Zeit angenommen wurde, viele erleben es sogar als Chance auf mehr Freiheit und Freizeit, jedenfalls dann, wenn der

Ablösungsschmerz überwunden ist und sich das Leben neu eingespielt hat. Doch das zweite »empty nest« könnte unter Umständen eine schmerzlicher empfundene Lücke hinterlassen, sind doch die Möglichkeiten begrenzter, die entstandene Lücke zu schließen. Auch sind das Erwachsenwerden und das Gewinnen von Selbstständigkeit der Kinder zugleich ein Symbol für das Zurückbleiben und langsame Abtreten der Eltern, was sich bei den Enkelkindern wiederholt und an das eigene Älterwerden erinnert. Dies kann Schmerz und Trauer auslösen, und irgendwie nistet sich dabei ein Gefühl des Endgültigen ein. In einer guten, tragfähigen Beziehung aber wird es gelingen, diese Trauer durch die Identifikation mit den Kindern und Enkelkindern zu begrenzen und ein Gefühl zu erlangen, in den Kindern weiterzuleben.

Zu bedenken ist allerdings auch die allgemein verringerte Kinderzahl in Deutschland, die wiederum weniger Enkel zur Folge hat; dies trifft nachfolgende Generationen mit noch weniger Kindern in noch stärkerem Maße. Schließlich ist es heute auch nicht mehr selbstverständlich, dass die Kinder in einer erreichbaren Entfernung leben. Zwar hat sich das Bild, dass die älteren Menschen in früheren Zeiten im Schoße ihrer Familie alt wurden, als Mythos entpuppt, es entsprach nur eingeschränkt der Wirklichkeit, doch die wachsende Mobilität hat unmittelbare Auswirkungen auch auf familiäre Beziehungen. Dies zeigt sich darin, dass die Distanzen zwischen erwachsenen Kindern und ihren Eltern sich zunehmend vergrößern und immer mehr erwachsene Kinder nicht mehr am Wohnort der Eltern leben. Auch ein Rückgang der täglichen Kontakte war im letzten Alterssurvey (Altersreport) zu beobachten (Hoff, 2006). Diese Veränderungen werfen nicht nur die dringliche Frage nach der Versorgung bei Hilfs- und Pflegebedürftigkeit auf. Sie lassen auch erkennen, dass heutige Ältere aufgefordert sind, ob sie wollen oder nicht, ihr Leben selbst in die Hand zu nehmen und zu gestalten, so wie es eine ältere Frau einmal formulierte, nachdem sie ihren Mann verloren hatte: »Mir bleibt ja nichts anderes übrig, als die Freiheit, über die ich jetzt verfüge, zu genießen.« Sie bringt damit eine Paradoxie heutigen Alterns zum Ausdruck.

In der öffentlichen Diskussion wird oft angstvoll das Bild von der Erosion des Familienlebens an die Wand gemalt. Bücher über den Generationskonflikt oder gar den Generationenkrieg werden immer wieder zu Bestsellern. Eine neuere Untersuchung könnte nun als Beleg für diese kulturpessimistische These angeführt werden. Sie zeigt, dass auch die Beziehung zwischen erwachsenen Kindern und ihren Eltern nicht nur durch Harmonie geprägt ist (Peters et al., 2006) und alte Eltern durchaus nicht ausschließlich positive Gefühle für ihre erwachsenen Kinder hegen. In den ausführlichen Interviews wurde deutlich, dass die meisten bedauerten, dass die Kinder so beschäftigt waren, und dass auch deren beruflichen Erfolg sie nicht nur mit Stolz, sondern auch mit Sorgen erfüllte; viele beklagten sich auch, dass sie zu wenig Zeit mit ihnen verbrächten. Manche fühlten sich unter Druck gesetzt, selbst aktiver zu sein, alle gaben an, bestimmte Themen wie etwa das Ehe- oder Familienleben nicht anzusprechen, und etwa die Hälfte empfand den Umgang mit dem Ehepartner des Nachwuchses schwierig, worüber allerdings Stillschweigen gewahrt wurde. Doch taugen solche Befunde, daraus einen Zerfall familiären Zusammenhalts abzulesen? Manchmal ist es hilfreich, einzelne Phänomene in einen etwas größeren Kontext einzuordnen, um sie in einem anderen Licht erscheinen zu lassen.

Das Verhältnis zwischen den Generationen ist immer durch eine gewisse Spannung gekennzeichnet, ambivalente Strebungen und Gefühle liegen in der Natur der Sache. Das hat damit zu tun, dass die alten Eltern aufgrund ihrer Stellung im Lebenslauf und in der Gesellschaft eher auf Bewahrung aus sind, die Kinder aber aufgefordert sind, das Leben zu erneuern und die gesellschaftlichen Rollen und Positionen der älteren Generation zu übernehmen. Darin liegt ein grundsätzlicher Zwiespalt, der das Verhältnis der Generationen zueinander seit Menschengedenken kennzeichnet. Jede Gesellschaft hat hier ihre Regelungen und Umgangsformen, um die Generationenfolge zu gestalten. Sigmund Freud stellte den Ödipuskonflikt in den Mittelpunkt seiner Theorie, um die grundlegende Konflikthaftigkeit des Verhältnisses zwischen den Generationen auf der Ebene der Persönlichkeitsentwicklung zu beschreiben. Micha Hilgers (2007) hat in seinem Buch »Mensch Ödipus« dargelegt, wie sich der in der Ödipus-Sage beschriebene Konflikt auch heute in vielen Feldern unseres Lebens ausmachen lässt. Freud selbst hatte nur den Vatermord durch Ödipus näher beleuchtet und damit das Rivalitätsverhältnis zwischen den Generationen als grundlegendes Motiv herausgestellt. Doch eine andere Interpretation zeigt, dass dieser Vatermord auch damit zu tun hatte, das Laios, Ödipus' Vater, nicht in der Lage war, mit seinem Alter fertig zu werden, und deshalb seinen Sohn erniedrigte und ihm Gewalt antat und so die Rache des Ödipus heraufbeschwor. In dieser erweiterten Interpretation, mit der sich der Psychoanalytiker Helmut Luft (2003) eingehend beschäftigt hat, wird deutlich, dass die ältere Generation ihr Alter bewältigen muss, um der nachfolgenden Generation den notwendigen Entwicklungsspielraum geben zu können. In Psychotherapien wird oft deutlich, wie schwer es Älteren fällt, den erwachsenen Kindern ihr eigenes Leben zuzubilligen und sie nicht ständig an den eigenen Erwartungen zu messen, denen sie sich nicht fügen möchten.

Unsere heutige gesellschaftliche Lebensweise erfordert es mehr als in früheren Zeiten, seinen eigenen Lebensweg zu finden, die Jüngeren treten nicht mehr wie selbstverständlich in die Fußstapfen der Älteren. Diese gesellschaftliche Notwendigkeit wird ermöglicht durch veränderte Umgangsformen in der Familie, die sich von einem Befehls- zu einem Verhandlungshaushalt gewandelt hat. Damit ist nicht nur mehr Beziehungsarbeit gefordert, die gewachsene Offenheit führt auch dazu, dass Ambivalenzen und Spannungen sichtbarer werden. Von den Eltern ist gefordert, es nicht nur zu akzeptieren, wenn die Kinder einen eigenen Lebensweg einschlagen, sondern sie darin zu unterstützen. Dies mag nicht immer leicht fallen, haben doch alle Eltern Vorstellungen davon, wie ihre Kinder im Erwachsenenalter ihr Leben gestalten sollten, doch nun müssen sie hinnehmen, wenn sie nicht mehr wie selbstverständlich in ihre Fußstapfen treten, wenn sie andere Berufe erlernen, die den Eltern fremd sind, ihre Beziehungsgestaltung vielleicht weniger einem Pflichtethos folgt, wie es noch für die Eltern selbstverständlich war, und auch sonst manche Eigenarten hervortreten, die den alten Eltern suspekt vorkommen mögen. Diese Erfahrung mag mit mancher Enttäuschung verbunden sein, doch selbst dann, wenn die Kinder einen gänzlich anderen Weg einschlagen, werden sie viel von dem mitnehmen können, was die Eltern ihnen mitgegeben haben. Und so mag die Aussage Adalbert Stifters in seinem Werk »Bunte Steine« (1853/1944), mit der er das Verhältnis des Großvaters zu seinem Enkel beschreibt, nur auf den ersten Blick antiquiert erscheinen: »Merke dir den Baum, und denke in spätern Jahren, wenn ich längst im Grab liege, dass es dein Großvater gewesen ist, der ihn dir zuerst gezeigt hat.« Stifter spricht eine Beziehungsdimension an, die von einem rascheren gesellschaftlichen Wandel nicht so ohne weiteres außer Kraft gesetzt werden kann. Er erwähnt einen Baum, also einen Teil der Natur, dem wir eine symbolische Bedeutung beimessen, und verweist damit auf tiefer wurzelnde Quellen unseres Umgangs mit dem Leben. Das Bedeutsamste, dass Eltern ihren Kindern und Enkelkindern heute vermitteln können, liegt weniger bei Fragen der konkreten Lebensgestaltung, sondern eher in einem fundamentalen Gefühl, dass man das Leben meistern und alle Gefahren und Unwägbarkeiten überstehen kann, gewissermaßen eine Art Urvertrauen in das Leben. Ein solches Gefühl vermittelt sich durch die Art und Weise des Umgangs miteinander und durch die Wirkung als Vorbild. Diese aber setzt sich ein Leben lang fort, und im Alter angekommen, strahlt sie auf das Lebensgefühl der Enkelkinder aus, und für die erwachsenen Kinder werden sie nun auf andere Weise wieder wichtig, denn nun können diese an den eigenen Eltern erleben, was es bedeutet, alt zu werden. Damit können sie auf neue Art für die selbst dem Alter entgegengehenden Kinder zum Vorbild werden und maßgeblich deren Altersbild prägen.

Generativität, einmal andersherum

Der Begriff der Generativität bedeutet die Weitergabe der Erfahrungen an die nachfolgende Generation als Nachweis einer besonderen Fähigkeit älter werdender Menschen, von sich selbst abzusehen und das Wohl der nachfolgenden Generation in den Vordergrund zu rücken. Die bereits erwähnte Untersuchung von Vaillant (2002) bestätigte nicht nur, dass die Fähigkeit zur Generativität einen hohen Zusammenhang mit einem guten Altern und mit Zufriedenheit in der Ehe bzw. Partnerschaft hat. Darüber hinaus fand sich als ein weiteres interessantes Ergebnis, dass Generativität keine Einbahnstraße, sondern eher Ausdruck einer Beziehungsfähigkeit ist, die einschließt, dass die Älteren auch von den Jüngeren lernen. Auf die Frage »Was haben sie von Ihren Kindern gelernt?« konnten sie eine Antwort geben, während diejenigen, denen die Fähigkeit der Generativität nicht bescheinigt werden konnte, eine Antwort auf diese Frage schuldig blieben. Sie blieben in der einseitigen Erwartung nach Respekt der Jüngeren verhaftet und häufig schien ein Gefühl des Neides auf die nachfolgende Generation durch. Generativität aber beschreibt eine Fähigkeit zur Veränderung, die Bereitschaft zu lernen und in Beziehungen Wechselseitigkeit zu akzeptieren. Es heißt eben auch anzuerkennen, dass die Kinder sich verändern, erwachsen werden und als gleichberechtigt zu respektieren sind. Haben Sie sich schon einmal die Frage gestellt, was Sie von Ihren Kindern gelernt haben?

4.3.2 Szenen einer Ehe im Alter –
Einlaufen in den Hafen der Harmonie?

Die Literaturwissenschaftlerin Hannelore Schlaffer (2003) beschreibt in ihrem Buch »Das Alter. Ein Traum von Jugend« mit süffisant-ironischem Unterton ältere Ehepaare als jene, die nicht nur viel reisen, sondern auch in ihren Heimatstädten gern konsumieren, gemeinsam frühstücken, einkaufen, ein kleines Mittagessen einnehmen und der ganzen Welt das Schauspiel ihres nachsommerlichen Einverständnisses bieten. Dabei treten sie gern im Gänsemarsch auf, die Frau leitet die Entdeckungsreise in die Stadt, der Mann folgt, gutwillig, entspannt – und ein wenig verlegen. Der erfolgreiche Geschäftsmann sei zum Ladendiener seiner Frau geworden, so Schlaffer.

Man könnte die Szene als Hinweis darauf verstehen, dass es das Ehepaar geschafft hat, zu neuer Gemeinsamkeit zu finden und die gewonnene Freiheit zu genießen. Doch der ironische Unterton zeigt eine andere Intention, und bei genauerer Betrachtung erschließt sich uns einiges vom Innenleben der Altersehe. So wird ein gewisses Gefälle sichtbar, die Frau schreitet voran, der Mann hinterher. Was hat dieses Gefälle zu bedeuten, sagt es etwas über das Alter aus? Haben wir uns nicht längst wieder daran gewöhnt, dass der Mann voranschreitet und die Frau ihm folgt, ihm den Rücken stärkt, damit er die Erfolge einheimst, auch wenn am Anfang der Ehe ganz andere Grundsätze gelten sollten? Doch was ist eigentlich, wenn der äußere Druck nachlässt, die Kinder aus dem Haus sind und die Karriere sich dem Ende zuneigt? Sind die alten Impulse vielleicht doch nicht ganz erloschen? In seiner Arbeit »Die Lebenswende« hatte C. G. Jung (1930) sich mit den maskulinen und femininen Eigenschaften, über die beide

Geschlechter verfügen, beschäftigt. Die zu bewältigenden Lebens-
aufgaben trügen nun dazu bei, dass Frauen in der ersten Lebenshälfte
mehr ihre weiblichen Eigenschaften leben und die maskulinen Anteile
unterdrücken, während es bei den Männern umgekehrt ist, sie leben
ihre maskulinen und unterdrücken ihre femininen Anteile. In der
zweiten Lebenshälfte sei nun eine Wandlung zu beobachten, die dazu
führe, dass Frauen ihre maskulinen, also auf Durchsetzung, Stärke
und Macht orientierten Eigenschaften, mehr zur Geltung brächten,
die Männer hingegen ihr femininen Anteile von Fürsorge, Passivität
und Nachgiebigkeit. Dass sich Frauen damit oft leichter tun, klingt in
der obigen Szene an, wo sie es ist, die voranschreitet, und zwar en-
ergisch, so möchte man hinzufügen. Und, so möchte man weiter ergänzen, sie bewegt sich auf vertrautem Terrain, war sie es doch, die
unzählige Male in die Stadt ging, um die nötigen Einkäufe zu tätigen,
während der Mann sein gewohntes berufliches Terrain, auf dem er
auftrumpfen konnte, verloren hat. Das Hinterherlaufen des Mannes,
bemüht, den Anschluss nicht zu verlieren, steht denn auch für eine
Beobachtung, dass manche Männer ihre Defizite an sozialer Beziehungsfähigkeit nach dem Wegfall des Berufes mehr spüren und auf die
sozialen Aktivitäten ihrer Frau angewiesen sind. Nicht selten sind sie
es jetzt, die sich die mütterliche Zuwendung ihrer Ehefrau sichern
möchten, die zuvor den Kindern zuteil geworden war. Und dann
lassen sie sich auch einmal auf eine Entdeckungsreise ein, auch wenn
sich irgendetwas in ihnen dagegen sträubt, hatte es ihnen doch noch
nie gelegen, die kleinen, belanglosen Gespräche am Wegesrand zu
führen, zu denen man genötigt war, wenn man Bekannten begegnete,
Gespräche, die die Frau zu genießen scheint.

So lässt sich denn vermuten, dass Frauen eine solche Umstellung
leichter fällt als Männern, deren Selbstbild es nicht so leicht zulässt,
feminine Eigenschaften zu entdecken, auch wenn dies heute leichter
fallen mag als noch vor einigen Jahrzehnten. Dann aber droht ein
Ungleichgewicht beziehungsweise eine Ungleichzeitigkeit, die sich
rasch zu einer Trennungskrise auswachsen kann. Das Bild von
Schlaffer könnte auch als Hinweis darauf verstanden werden, dass die
Frau dem Mann davonlaufen könnte, so wie Trennungen meist von
den Frauen initiiert werden. Trotzdem liegt in dem Entwicklungs-
schritt, den C. G. Jung vor vielen Jahren beschrieben hat, die Chance,
in der zweiten Lebenshälfte die eigene Persönlichkeit zu vervollstän-

digen und abzurunden. Dort aber, wo die Persönlichkeit reichhaltiger und vielfältiger wird, kann auch die Partnerbeziehung facettenreicher werden, beide können sich dann auch in ihren Eigenschaften wahrnehmen und anerkennen, die zuvor abgewehrt werden mussten. So kann die Beziehung eine neue Lebendigkeit und Tiefe erlangen.

Die kleine Szene verrät aber noch etwas anderes. Schmückt man das Bild vor seinem inneren Auge noch etwas aus, dann stellt man sich vielleicht ein Paar vor, dass sich im Laufe der Jahre auch im Aussehen angenähert hat, jedenfalls regt die Kleidung älterer Paare oft zu dieser Phantasie an. Beide haben sich auf beige und grau geeinigt, wie als Sinnbild für eine verblasste Leidenschaft und eine Identität, die nach dem Wegfall gesellschaftlicher und beruflicher Rollen farbloser geworden ist. Es gibt zahlreiche Paare, die im Alter immer mehr zu einer Einheit zusammenwachsen und die daraus Befriedigung ziehen, wenn das Gefühl der Verbundenheit auch nach außen, für alle Welt sichtbar, zum Ausdruck gebracht wird. Die lange gemeinsame Geschichte scheint sie so aneinander zu binden, dass die je eigene Identität in einer gemeinsamen Identität als Paar aufgegangen ist. Tatsächlich steigt, folgt man den empirischen Erhebungen, im Alter die Zufriedenheit mit der Ehe wieder an im Vergleich zu den mittleren Jahren, als es beide schwer hatten, sich vor lauter Verpflichtungen einen gemeinsamen ehelichen Raum zu erhalten. Mit zunehmendem Alter wächst bei vielen das Gefühl, nun stärker aufeinander angewiesen zu sein angesichts der näher rückenden Beschwernisse des Alters, deren Bewältigung dann als gemeinsame Aufgabe begriffen wird (Willi, 1991). Man könnte also meinen, dass beide jetzt zu einer Schutzgemeinschaft zusammenwachsen, um die Angst vor dem Alter mildern zu können. Doch die nun stärker empfundene Gemeinsamkeit wird oft auch von einem Gefühl der Dankbarkeit getragen, und in den Ritualen und Eigentümlichkeiten, die der gewachsenen gemeinsamen Identität ihr äußeres Gesicht verleihen, verbirgt sich oft etwas von der Einzigartigkeit der Beziehung. Sie tauschen manchmal Signale aus, die der Außenwelt verborgen oder unverständlich bleiben und die nur vom Partner verstanden werden, so wie jenes ältere Paar, dass manchmal dann, wenn sie mit anderen zusammensitzen und guter Dinge sind, sich nur von ihnen selbst verstandene Blicke zuwerfen, verbunden mit einer kurzen Berührung, und mit diesem flüchtigen Kontakt eine geheime Verabredung für die Nacht getroffen wird.

Man sollte sich allerdings vor einem allzu harmonisierenden Bild der Ehe im Alter hüten, das Eheleben gleitet nicht einfach hinüber in einen Hafen von Abgeklärtheit, Besonnenheit und Gleichförmigkeit. Die Ehe geht nicht einfach vor Anker, sie ist, so lange sie besteht den Stürmen des Gefühlslebens ausgesetzt; auch jetzt können Neid, Eifersucht und Kränkung, zurückgewiesene Wünsche und unerfüllt gebliebene Hoffnungen das Eheleben immer wieder spannungsreich werden lassen. Astrid Riehl-Emde (2003) hat in ihrem viel beachteten Buch »Liebe im Fokus der Paartherapie« als grundlegendes Ziel einer solchen Therapie ausgegeben, Mehrdeutigkeit und Ambivalenz aushalten und damit umgehen zu lernen. In unserer christlich-abendländischen Tradition seien wir es nicht gewohnt, Ambivalenz als Grundmerkmal des Seelenlebens anzuerkennen, und insbesondere die Ehebeziehung wird allzu rasch mit Vollkommenheits- und Harmonievorstellungen überfrachtet, an der dann kaum ausbleibenden Enttäuschung zerbrechen zahlreiche Beziehungen. Die Ehe im Alter mündet eben nicht notwendigerweise in einen Hafen der Ruhe. Vielmehr sollte man darauf gefasst sein, dass sich alte Konflikte wieder regen können oder neue hinzukommen, etwa wenn die Partner in unterschiedlichem Tempo altern und der eine auf den anderen angewiesen ist, was bisherige Rollenmuster unter Umständen auf den Kopf stellt. Das Eingehen einer langfristigen Bindung bedeutet nicht nur die Bereitschaft, das persönliche Potenzial in den Aufbau einer gemeinsamen Welt einzubringen, sondern auch Verzicht auf andere Möglichkeiten. Gerade darin liegt häufig eine Konfliktquelle im Alter, wenn nämlich der Andere als Hemmschuh für die Realisierung von Möglichkeiten erlebt wird und ihm der ganze Groll gilt; manchmal werden dann alte Rechnungen noch einmal vorgehalten. Doch meist handelt es sich dabei um Projektionen, und die Ursachen für verpasste Chancen liegen eher in jedem selbst. Die Anforderung liegt nun darin, diese Gefühle zu begrenzen und sie nicht stärker werden zu lassen als das Gefühl der Verbundenheit, das in der gemeinsamen Geschichte wurzelt, der Dankbarkeit für das, was man vom Anderen bekommen hat, und einer zärtlichen Zugewandtheit, die Ausdruck einer reifen Liebe ist. Wenn dies gelingt, kann auch die nicht aus der Welt zu schaffende Ambivalenz ausgehalten werden, ja, sie kann dazu beitragen, die Beziehung lebendig zu halten.

Wie funktioniert eigentlich die Waschmaschine?

Insa Fooken (2002), Professorin für Entwicklungspsychologie an der Universität Siegen, hat sich im Rahmen eines Forschungsprojektes mit dem Thema späte Scheidungen beschäftigt, deren Anzahl in raschem Tempo zunimmt. Durch Interviews und Fragebogenerhebungen fand sie heraus, dass es, wie immer im Leben, Gewinner und Verlierer gibt. Es gibt solche, die gut mit der Trennungssituation zurechtkommen, die sogar gewinnen und einen Zuwachs an Kompetenz und Lebenszufriedenheit erfahren, aber es gibt eben auch die Verletzlichen und diejenigen, die zu den Verlieren zu zählen sind, die eine Einbuße in ihrem Selbstwertgefühl erleben und verschiedene körperliche und psychische Beschwerden aufweisen. Das eigentlich Interessante ist der Geschlechtsunterschied, der dabei deutlich wurde. Zu den Gewinnern gehören deutlich mehr Frauen als Männer, während es bei den Verlierern umgekehrt ist, in diese Gruppe fielen sogar 50 % der befragten Männer. Sind die Männer die Verletzlicheren, die Abhängigeren? »Wie funktioniert noch mal die Waschmaschine?«, so mögen die Probleme anfangen, die sich ihnen nach der Trennung stellen. Aber diese Frage bringt womöglich eine weitergehende Unzulänglichkeit zum Ausdruck: das Leben in Selbstständigkeit zu führen. Wenn die Kinder das Haus verlassen, ziehen sich gerade diese Männer noch mehr in ihre Unselbstständigkeit zurück und besetzen die Nischen, die die Kinder hinterlassen haben. Sie erwarten nun die Versorgung durch ihre Frau, die zuvor den Kindern zuteil wurde. Besonders in der Gruppe der Verlierer, in der die Männer überwogen, war der Anteil derer besonders hoch, bei denen im Vorfeld der Trennung entscheidende Veränderungen stattgefunden hatten. Entweder hatte das letzte Kind das Haus verlassen oder ein Eltern- oder Schwiegerelternteil war verstorben. Tatsächlich wird manche Trennung erst möglich, wenn solche äußeren verpflichtenden oder verbietenden Instanzen entfallen, was allerdings auch darauf schließen lässt, dass der Trennung schon einer längerer Erosionsprozess vorangegangen war. Und noch eins war auffällig: Diese Männer beschrieben ihre Jugendzeit als überwiegend problematisch, als ob sie es hier versäumt hätten, ihrer Persönlichkeit mehr Eigenständigkeit zu verleihen.

4.3.3 Soziale Beziehungen, Einsamkeit und die Frage nach dem Sinn

Die eigenen Kinder gehen mehr und mehr ihrer Wege, die Enkelkinder, die das Herz der Älteren erfreuen, werden immer weniger, und die eigenen alten Eltern sind verstorben oder verleben ihre letzten Jahre zurückgezogen im Heim. Trifft das Bild des einsamen Alten also doch zu? Die Zahl der allein lebenden älteren Menschen nimmt dramatisch zu – bei den 70- bis 79-Jährigen sind es ein Drittel, bei den über 80-Jährigen schon 72 %, die allein leben, zumeist Frauen – und viele fühlen sich unfreiwillig zu dieser Lebensform gezwungen. Auch die Dichte des sozialen Netzes reduziert sich im Alter. Danach haben Erwachsene zwischen 35 und 49 Jahren durchschnittlich zwischen 20 und 35 bedeutsame Sozialbeziehungen, wohingegen über 65-Jährige im Durchschnitt lediglich 9 bis 18 und über 85-Jährige sogar nur 5 bis 8 solcher wichtigen Beziehungen berichten (Hoff, 2006). Ja, neulich bei dem 50. Geburtstag waren doch so viele Gäste, dass der angemietete Saal überquoll, aber auf dem 80. Geburtstag der Tante war die Runde recht überschaubar geworden. Da muss man zwar noch nicht an Einsamkeit denken, aber manchmal dauert es womöglich doch einige Zeit, bis sich der nächste Besuch ansagt, und dazwischen kann dann doch einmal ein Gefühl von Einsamkeit entstehen.

Tatsächlich stellen zahlreiche ältere Menschen irgendwann fest, dass viele Bekannte und Freunde im Laufe der Jahre aus dem Blick geraten sind, plötzlich fällt auf, dass dieser oder jener schon lange nicht mehr angerufen hat und seit längerem niemand mehr zu Besuch war. So lange da noch die beruflichen Verpflichtungen waren, war das gar nicht weiter aufgefallen, und häufig hatte man ja etwas mit den Kolleginnen und Kollegen unternommen, doch seit der Berentung melden sich diese kaum noch. Man weiß, dass sich mit dem Ausscheiden aus dem Beruf das soziale Beziehungsnetz dramatisch verändert. Entfaltet man jetzt keine eigene Initiative, droht in der Tat soziale Isolation. Damit ist aber eine ganz besondere Herausforderung verknüpft, empfinden es viele Ältere doch als schwierig, neue Freundschaften einzugehen. Manchmal trägt hierzu eine verringerte Toleranz für die Eigenarten des Anderen bei, aber auch das Bestreben, sich von der eigenen Altersgruppe abzusetzen. Ältere äußern sich häufig despektierlich über andere Ältere, wenn auch nur hinter vorgehaltener Hand. Man mag sich nicht mit der eigenen Altersgruppe identifizieren, alt sind doch die anderen, nicht man selbst. Solche und ähnliche Äußerungen sind oft als Einwand gegen die Teilnahme an einer Seniorenveranstaltung zu hören. Eine solch ablehnende Haltung den Gleichaltrigen gegenüber verrät etwas über das innere Widerstreben, sich mit dem Alter auszusöhnen. Sind erst einmal die Hürden überwunden, dann zeigt sich rasch, dass Gleichaltrigenkontakte zu einer wichtigen und bereichernden Erfahrung werden können, es bieten sich vielfältige Anknüpfungsmöglichkeiten, die gleiche Position im Lebenslauf schafft eine Gemeinsamkeit, und der sich überschneidende Erfahrungsfundus bietet Chancen für einen lebhaften und beide bereichernden Austausch.

Und dennoch, irgendwann stellt sich ein Gefühl ein, nicht ständig mit anderen zusammensein zu müssen, es reicht, sich gelegentlich zu einem guten Gespräch zu treffen oder jemanden zum Essen einzuladen, aber dann ist auch der ruhige Abend zu Hause eine durchaus erstrebenswerte Vorstellung. Vielleicht könnte man diesen oder jenen noch anrufen, doch bei manchen scheint es nicht so lohnenswert, und man lässt es bleiben. Man muss sich nicht mehr um alle möglichen Kontakte bemühen, von denen man sich vielleicht einen Vorteil verspricht, etwa in beruflicher Hinsicht. Dies führt dazu, dass Ältere weniger Kontakte haben als jüngere Menschen, doch das ist keineswegs automatisch als Defizit oder Verlust zu betrachten. Den Älteren genügt es, weniger Kontakte zu haben, sie entscheiden sich selbst dazu. Es gibt im Alter eine Tendenz, sich auf das wirklich Wichtige zu beschränken, es wächst ein subtiles Gefühl für Bedeutsames, es scheint, als ob dem Alter eine Tendenz zur Zentrierung innewohnt, die sich auch bei den sozialen Beziehungen durchsetzt. Dies führt dazu, sich mit denjenigen Beziehungen zufriedenzugeben, die einem wirklich etwas bedeuten, und diese Beziehungen werden dann oft gern intensiviert. Oft werden jetzt die Geschwister wieder wichtiger oder alte Freundschaften, die lange vernachlässigt worden waren, werden wieder mehr gepflegt. Es werden also eher solche Beziehungen intensiviert, in denen man sich auf einen gemeinsamen Erfahrungsfundus stützen kann und die auf einer Vertrautheit beruhen, die in neuen Kontakten nicht so schnell geschaffen werden kann.

Warum Freunde so wichtig sind

Das Bild vom alten Menschen, der im Kreis seiner Familie alt wird, ist antiquiert und entspricht heute nur noch eingeschränkt der Wirklichkeit. Der soziologische Wandel wird durch psychologische Untersuchungen gestützt, die überraschendes zu Tage gefördert haben. Die amerikanischen Psychologen Lee und Ishii-Kuntz (1987) haben als Erste ein inzwischen vielfach bestätigtes Ergebnis ihrer Untersuchungen berichtet. Darin waren sie der Frage nachgegangen, inwiefern das Wohlbefinden und das Selbstwertgefühl älterer Menschen von deren Beziehungen abhängt, wobei es darum ging, den Einfluss unterschiedlicher Beziehungen zu ermitteln. Das überraschende Ergebnis war, dass die Beziehung zu den eigenen Kindern keinen Einfluss auf Wohlbefinden und Selbstwertgefühl hat, wohl aber die zu Freunden. Würde man nicht eigentlich das Gegenteil erwarten? Die Autoren haben folgende Erklärung gefunden: Die Beziehung zu Verwandten ist einem gegeben, man muss sich um sie nicht besonders bemühen, es ist selbstverständlich, dass man sich mehr oder weniger häufig sieht, und das ist zweifellos nicht unwichtig. Und doch ist es in Freundschaftsbeziehungen anders. Hier muss man sich aktiv darum bemühen, und diese Aktivität hebt offensichtlich das Selbstwertgefühl. Noch wichtiger könnte die Erfahrung sein, von anderen als Freund oder Freundin gewählt zu werden und damit eine besondere Zuwendung und Aufmerksamkeit zu erfahren. Vielleicht insbesondere vor dem Hintergrund, dass ältere Menschen in der Regel weniger positive Resonanz erfahren, etwa durch den Wegfall beruflicher Erfolge oder andere Möglichkeiten der Selbstdarstellung. So könnte in Freundschaften eine besondere Quelle für die Erfahrung von Einzigartigkeit liegen, die das Selbstwertgefühl und das allgemeine Wohlbefinden steigert.

Dennoch leiden natürlich viele ältere Menschen unter Einsamkeitsgefühlen, die aber keineswegs allein mit den sozialen Bindungen zu tun haben. Frau K. etwa, 73 Jahre alt, lebte mit ihrem Mann zusammen, und die zahlreichen Beziehungen waren ihr oft zu viel. Der Literatur-

kreis, dem sie angehörte, oder der Rommee-Nachmittag, der wö-
chentlich stattfand, das alles erlebte sie mit innerer Distanz, wie aus
einer Beobachterposition. Es war ein Geschehen um sie herum, das sie
innerlich nur wenig erreichte, das ihr zunehmend fremd blieb und ihr
Gefühl der Isolation nicht zu vertreiben vermochte. Ob jemand unter
Einsamkeitsgefühlen leidet, hängt nicht allein von dem Geschehen um
ihn herum ab. Als der Philosoph Ernst Bloch am Ende seines Lebens
erblindet war, gab er zu verstehen, dass er nun eben von seinen inneren
Bildern leben müsse, und er war weit davon entfernt, darüber in Verzweiflung zu geraten. Auch wenn die Sehkraft nachlässt, bleibt die
Wahrnehmung des inneren Auges doch erhalten. Ist jedoch eine solche
symbolische Welt nicht ausreichend entwickelt, dann wird das Allein-
sein rasch zu dem quälenden Gefühl der Einsamkeit, das einem Absturz
in die eigenen »leeren Räume« gleichkommt.

Das Einsamkeitsgefühl von Frau K. resultierte nicht aus einer
sozialen Isolation, es hatte eine andere Quelle, die von den existenziellen Grundfragen des Lebens herrührte. Es ist ein Gefühl, das
in der zweiten Lebenshälfte allmählich spürbar wird, wobei als
besonderer Einschnitt von vielen der Tod der eigenen Eltern
empfunden wird. Erst dieses Ereignis nimmt uns den Rest eines
kindlichen Gefühls von Sicherheit, das durch ihre Existenz vermittelt wird. Auch wenn sie im alltäglichen Leben eine noch so
geringe Rolle gespielt haben mögen, so verändert doch ihr Tod
unser Lebensgefühl und konfrontiert uns mit der Endlichkeit des
Lebens, also mit einer existenziellen Dimension, die wir zuvor
meist nicht wahrzunehmen bereit sind.

Der Philosoph Martin Heidegger (1927) hatte diese Grundver-
fassung des Lebens mit dem Begriff des »Geworfen-Seins« umschrieben. Er meinte damit die Tatsache, dass wir alle ohne unser
Einverständnis in eine Existenz hineingestellt worden sind, die wir
nicht gewählt haben. Wir erfahren die ultimative Getrenntheit von
anderen, eine existenzielle Isolation mithin, die eine ursprüngliche
Quelle der Angst darstellt. Diese Angst, so Heidegger, ruft ein Gefühl
der Unheimlichkeit, des »Nicht-zu-Hause-Seins« hervor. Bei manchen verdichtet sich diese Grundstimmung zu einem Gefühl exis-
tenzieller Einsamkeit. Doch gerade in diesem Moment liegt auch die
Chance, in eine andere Form des Bewusstseins einzutreten, zu einem
authentischeren Selbst zu finden. Wir können von einer existenziellen

Entwicklungsaufgabe sprechen, die sich den Menschen in der zweiten Lebenshälfte stellt, und darin können wir die entscheidende Quelle sehen, die ihn zu einem tieferen Verständnis des Lebens hinführt. Wir wissen insbesondere aus der Kunst, etwa der Musik, dass Alterswerke oft eine besondere Tiefe haben, und denken dabei an Beispiele von Beethoven oder Bach.

Welche anderen Möglichkeiten des Umgangs mit dieser Entwicklungsaufgabe aber sind denkbar? Der Psychoanalytiker Erich Fromm (1975), der sich ebenfalls mit den existenziellen Grundfragen des Lebens beschäftigt hat, sieht vor allem in der reifen Liebe die Brücke, mit der das Getrenntsein von der Welt überwunden werden kann. Lieben zu können und geliebt zu werden stellt zweifellos auch für den älteren Menschen eine wesentliche Quelle dar, ein Gefühl der Zugehörigkeit und der Verbundenheit zu bewahren und die existenzielle Isolation zu überwinden. Doch dieses Gefühl wird erschüttert, wenn der Partner oder die Partnerin stirbt, wenn Freunde sterben oder sogar die eigenen Kinder überlebt werden, wie bei jener älteren, gut 80-jährigen Frau, deren Mann vor einigen Jahren verstorben war und die nun auch noch ihre etwa 55-jährige Tochter verloren hatte. Diese war in ihren Armen verstorben, und sie schilderte in einem bewegenden Gespräch, dass sie in ihren Armen den ersten Schrei von sich gegeben und den letzten Atemzug getan habe. Obwohl dieses Erlebnis in ihr zweifellos unendlich große Schmerzen hervorgerufen hat, war sie keine gebrochene Frau. Sie verfügte über eine Authentizität und ein Grundvertrauen, das diese Verluste überstanden hatte und das im Kontakt für andere deutlich zu spüren war. Wie war das möglich?

Wenn Ältere über eine reichhaltige und gefestigte innere Welt verfügen, dann können sie daraus schöpfen und schwere Verluste und existenzielle Grenzerfahrungen überstehen. Es ist die gleiche Quelle, die im fortgeschrittenen Lebenslauf nicht nur dazu verhilft, mit der existenziellen Situation des Lebens umgehen zu lernen, sondern sie zu transzendieren. Der Psychiater Jay Lifton (1986) hat in seinem Buch »Der Verlust des Todes« beschrieben, dass wir ein Gefühl der symbolischen Unsterblichkeit brauchen, um die eigene Endlichkeit anerkennen zu können. Er führt verschiedene Formen der Unsterblichkeit an, die die Angst vor Tod und Sterblichkeit zu überwinden vermögen:

(1) der biologische Modus – durch seine Nachkommen leben, durch eine endlose Kette biologischer Zugehörigkeit;

(2) der theologische Modus – Leben auf einer anderen, höheren Ebene der Existenz;

(3) der kreative Modus – durch sein Werk weiterleben, durch die anhaltende Wirkung seiner persönlichen Schöpfungen oder Einflüsse auf andere;

(4) das Thema ewiger Natur – man überlebt, indem man sich den Lebenskräften der Natur anschließt;

(5) der Modus der transzendentalen Erfahrung – indem man »sich selbst verliert« in einen Zustand, der so intensiv ist, dass Zeit und Tod verschwinden und man in der »verstreichenden Gegenwart« lebt.

4.3.4 Abschiebung oder Neufanfang? – Wohnformen ändern sich

Frau P. lebte in einem großen, ehemals bevölkerten Haus, das nun jedoch leer geworden war. Die Kinder hatten es längst verlassen und lebten in größerer Entfernung, der Ehemann war schon seit vielen Jahren verstorben, und einige Jahre darauf auch ihre Schwester, ihre letzte verbliebene Mitbewohnerin. Seit sie vor ein paar Jahren nach einigen Stürzen das Fahrradfahren einstellen musste, war sie von den Kontaktmöglichkeiten im Dorf abgeschnitten. Sie war zwar nicht völlig vereinsamt, doch in dem Haus fühlte sie, eine gesellige Frau, sich oft allein. Ihre Angst wurde zwar durch ein Notruftelefon gemildert, doch die rechte Lebensfreude kehrte dadurch nicht zurück. Sie hing an dem Haus und fühlte sich aufgrund der Familientradition verpflichtet, es zu erhalten, hatte ihr Mann es doch weitgehend in Eigenleistung erbaut. Es erging ihr also wie vielen älteren Menschen, deren Leben sich zunehmend auf die eigene Wohnung zusammenzieht. Das Leben spielt sich weniger als in jungen Jahren in dem Wechsel von innen und außen ab, wenn man hinausgeht in die Welt, um immer wieder zurückzukehren, um aufzutanken, um aus der

Geborgenheit des eigenen Heims neue Kraft zu schöpfen. Dieses Wechselspiel, das über weite Strecken ein Lebensfundament ausmacht, verliert im Alter seinen selbstverständlichen Charakter. Wenn sich körperliche Einschränkungen einstellen, steht dem älteren Menschen die äußere Welt nicht mehr wie gewohnt offen, sie wird schwieriger erreichbar, scheint sich ihm zu verschließen. Die Welt verengt sich und das Leben spielt sich zunehmend in der eigenen Wohnung ab, die dadurch eine wachsende Bedeutung erlangt. Das Haus oder die Wohnung wird mehr und mehr zum Ort der Geborgenheit, zur Hülle, die Schutz und Sicherheit gewährt. Das eigene Heim wird zum Synonym für Heimat, die das Gefühl von Vertrauen und Verwurzeltsein vermittelt. Es ist der Ort, in dem die eigene Identität verankert ist, an dem sich in einem langen Leben zahlreiche Gegenstände angesammelt haben, die einen Erinnerungswert besitzen. Die Wohnung wird zur Erinnerungslandschaft, und auch bei Frau P. hingen Bilder des verstorbenen Mannes sowie der Kinder und Enkelkinder an der Wand.

Die erschwerte Zugänglichkeit der äußeren Welt lässt die eigene Wohnung wichtiger werden. Doch dieser Bedeutungszuwachs bedingt häufig ein Festhalten, ja Klammern an etwas, das auch ein großes Problem darstellt. Die eigene Wohnung ist nämlich meist nicht altengerecht gestaltet und erschwert es dem Älteren, sich darin frei und ungefährdet zu bewegen. Das Haus wurde geplant und erbaut, als das Alter fernlag und eher die zu erwartenden oder bereits geborenen Kinder der Maßstab waren, an dem sich die Planungen ausrichteten. Auch hier stoßen wir wieder auf das Problem, dass es den Menschen schwerfällt, zukunftsorientiert zu denken und zu planen. Im Alter erweist sich dann das Haus oder die vor vielen Jahren gewählte Wohnung in mancherlei Hinsicht als ungeeignet. Nicht nur die Größe wird zur Belastung, das Treppensteigen fällt allmählich schwer und das Bad wird zur Gefahrenquelle. Oft sind Stürze die Folge, von denen ca. 30 % der über 65-Jährigen mindestens einmal im Jahr betroffen sind. Sturzfolgen sind der häufigste Grund für Pflegebedürftigkeit, Grund genug, alles zu tun, diese zu verhindern. Doch eine rechtzeitige Wohnraumanpassung unterbleibt meist, obwohl sie staatlicherseits finanziell unterstützt wird. In zahlreichen Fällen könnte eine altengerechte Wohnraumanpassung zur Beseitigung der größten Gefahrenquellen führen und ein längeres Verbleiben in der eigenen Wohnung erlauben, doch das soziale Problem,

Verwandte und Bekannte schwerer erreichen zu können, bleibt damit ungelöst. So wird denn die eigene Wohnung zu einem höchst ambivalent erlebten Rückzugsraum, der keineswegs allein Sicherheit und Geborgenheit vermittelt, sondern von vielen Älteren auch so erlebt wird, als seien sie darin eingesperrt.

Rechtzeitige Überlegungen, wie man im Alter wohnen möchte, stellen also einen wichtigen Schritt im Prozess der Aneignung des Alters dar. Die relativ neuen Möglichkeiten des altengerechten, betreuten Wohnens in den überall entstehenden Seniorenanlagen oder -residenzen, wie sie oft genannt werden, wenn sie ein anderes Image für sich beanspruchen, sind oft noch nicht ausreichend bekannt. Die Schreckensbilder des Altenheims sind noch nicht aus den Köpfen verschwunden. Seniorenwohnanlagen ermöglichen weiterhin selbstständiges Wohnen in einer überschaubaren Wohnung, groß genug, um sich darin eigenständig fühlen zu können, und klein genug, um sich nicht darin zu verlieren. Der weitere Vorteil liegt in der abgestuften, bedarfsabhängigen Form der zusätzlichen Betreuung, der organisierten Freizeitangebote und der sozialen Kontaktmöglichkeiten. Allerdings sollte auch nicht verschwiegen werden, dass eine erhebliche Diskrepanz zwischen den modernen Wohnmöglichkeiten für Ältere und den Pflegeheimen besteht; im Pflegeheim bestätigen sich leider immer noch allzu oft die düsteren Vorurteile, die sich um die früheren Altenheime ranken, allerdings trifft die oft berechtigte Kritik längst nicht auf alle Heime zu, eine genauere Prüfung ist unbedingt zu empfehlen.

Auch Frau P. hatte sich lange an ihr Haus geklammert, obwohl dies immer stärker auch den Charakter eines Gefängnisses erhielt. Es war nicht ihr Elternhaus, sie war eingeheiratet und hatte lange Zeit mit ihrer Schwiegermutter leben müssen, zu der immer eine angespannte Beziehung bestanden hatte. Ihr Mann hatte nicht sein Versprechen wahr gemacht, anderswo ein neues Haus zu bauen; ihm war es nicht gelungen, sich von seiner Mutter zu lösen. So war denn auch Frau P. gezwungen, diese angespannte, belastende Situation auszuhalten. Auch wenn die Schwiegermutter längst verstorben war, so verband sie mit dem Haus keineswegs nur positive Erinnerungen, vielmehr waren diese höchst zwiespältig. Das eigene Haus oder die Wohnung zu verlassen, bedeutet Abschied und Trauer, und erst wenn dieser Prozess durchschritten werden kann, öffnet sich der Blick und dann können auch die schwierigen Erinnerungen zugelassen und die bestehenden Nachteile der jetzigen Wohnsituation realistischer gesehen werden.

Es bedurfte einer Reihe von Gesprächen und eines vorsichtigen Heranführens, bis Frau P. bereit war, in eine Seniorenwohnung zu ziehen. Es fanden einige Besuche der ausgesuchten Seniorenanlage statt, eine Besichtigung, Gespräche mit der Heimleitung, und dann kannte sie sogar jemanden, der bereits dort wohnte. So wurde ein Prozess angebahnt, der es ihr ermöglichte, ihre ablehnende Haltung aufzugeben. Den 80. Geburtstag wollte sie noch im eigenen Haus verbringen, unmittelbar danach war der Umzug geplant, es war also ein denkwürdiger Geburtstag, bei dem auch eine aufgelockerte Stimmung das Gefühl des Abschieds nicht völlig fernhalten konnte. Eine Woche später bezog sie eine eigene kleine Wohnung in der Seniorenanlage, die von außen betrachtet eher wie eine Ferienanlage wirkte. Und nun geschah das, was alle erhofft hatten: In kürzester Zeit blühte Frau P. förmlich auf. Sie fühlte sich endlich wieder sicher, hatte keine Angst mehr, und bald wurden auch ihre geselligen Fähigkeiten wieder lebendig. Ein Spielkreis wurde gegründet, und im Sommer bildete sich im Innenhof eine Klatschrunde, in der sie so viel lachte wie schon lange nicht mehr. Sie hatte genau das Richtige gefunden.

Wie viel Heimat braucht der Mensch?

So fragt Jean Améry (1980) in einem Essay, und schildert seine Situation als ein aus dem Nazi-Deutschland vertriebener Jude, an einem bodenlosen Heimweh leidend, ohne Pass und Visum, den Insignien einer staatsbürgerlichen Identität. Er beschreibt den langen Weg durch Schnee und dunkle Tannen auf Schmugglerwegen durch die winterliche Eifel, illegal über die Grenze von Deutschland nach Belgien, in die Fremde. Tannen, die, wie er sagt, aussahen wie ihre Schwestern in der Heimat, aber schon belgische Tannen waren und die Flüchtenden wussten, dass sie dort nicht erwünscht waren. Er endet mit der nüchternen Feststellung: »Es ist nicht gut, keine Heimat zu haben« (S. 61). Die heutige Generation Älterer hat einen Heimatverlust in großen Teilen erlebt, sei es als Vertriebene aus den Ostländern, die etwa 12 Millionen ausmachten, oder aber auf der Flucht vor den Kriegswirren, oft als Kinder im Programm der Kinderlandverschickung, von dem etwa 2 Millionen betroffen waren. Diese große Gruppe, die vorübergehend oder für immer ihre

Heimat verloren hat, befindet sich heute in einem höheren Lebensalter. Nicht selten verstärkt sich im Alter eine Sehnsucht nach der alten Heimat, wie bei jener Patientin, die nach dem Ausscheiden aus dem Beruf ein Buch über Ostpreußen schreiben wollte, aus dem sie am Ende des Krieges vertrieben worden war und wodurch sie schwere Traumatisierungen ertragen musste. Jetzt aber, als sie sich an die Arbeit machen wollte, stellte sich eine Arbeitsstörung ein, die auf das erneute Wachwerden der traumatischen Erlebnisse zurückgeführt werden konnte, die nicht vollständig verheilt waren (Peters u. Fels, 2002). Wenn der Heimatverlust nicht durch solche traumatischen Ereignisse begleitet war, ist es leichter, eine neue Heimat zu finden, eine »mobile Heimat«, wie Améry sagt, die weniger ortsgebunden ist als vielmehr auf der Fähigkeit basiert, sich selbst zu beheimaten. Noch einmal Améry: »Der Mensch braucht um so mehr Heimat, je weniger er davon mit sich tragen kann« (S. 80). Er meint damit, dass derjenige, der in sich so gefestigt ist, dass er daraus ein Gefühl von Geborgenheit, Aufgehobenheit und Sicherheit zu schöpfen vermag, also Gefühle, die wir mit Heimat verbinden, weniger auf einen konkreten Ort angewiesen ist. Er ist auch eher in der Lage, »späte Beheimatungen« wie geistige, kulturelle, sprachliche oder politische Überzeugungen zu finden, die auch im Alter kein Gefühl von Heimatlosigkeit aufkommen lassen.

4.3.5 Das verantwortliche Alter – Vom Ende der Kaffeefahrt

Ich lebe in einer Kleinstadt, mitten in einer ländlich geprägten Region. Schlage ich morgens die Zeitung auf und blättere den Regionalteil durch, so fallen immer wieder kleine Artikel am Rande auf, in denen auf einen Seniorennachmittag, ein Treffen in der Altentagesstätte oder eine Fahrt des Seniorenkreises hingewiesen wird, und wohin es ging, lässt sich dann ein paar Tage später ebenfalls in der Zeitung in Erfahrung bringen. Auf dem Lande haben die traditionellen Angebote noch einen ungebrochenen Zulauf und die älteren Menschen nehmen sie gern an, da sie Abwechslung und Zerstreuung versprechen. Aktiv zu sein heißt hier, unterwegs zu sein, Freizeit- und

Unterhaltungsangebote anzunehmen, bei denen ansonsten aber keine weitere Anstrengung zu erwarten ist. Man kann sich zurücklehnen und abwarten, was geboten wird, um danach zufrieden nach Hause zu gehen oder aber zu murren, um das nächste Mal natürlich dennoch wiederzukommen.

In der Stadt dagegen ist die Akzeptanz der traditionellen Angebote rückläufig. Sie scheinen nicht mehr den Vorstellungen und Interessen heutiger älterer Menschen zu genügen. Immer mehr verstehen das neue Bild des aktiven Alters anders, Aktivität ist für sie auch aktive Mitgestaltung. Das hat einerseits mit einem veränderten Bild vom Alter zu tun, heutige Ältere mischen sich ein, was ihnen auch ihre gesundheitliche Verfassung erlaubt. Der Begriff des wohlverdienten Ruhestandes spiegelt kaum noch das wider, mit dem sich heutige Ältere identifizieren mögen. Es drängt sie danach, ihr Leben noch einmal in die Hand zu nehmen und aus den gewonnenen Jahren etwas zu machen, und da erleben sie die altgedienten Angebote für ältere Menschen nicht mehr als ausreichend.

So zieht es sie denn in die Akademien, Institute und Universitäten, wo sich angeblich die Beschwerden häufen, dass sie die jungen Studenten an den Rand drängen. Wie stark dieser Wunsch ist, sich zu bilden, zeigt eine Studie, die für die nächsten zehn Jahre eine Verdoppelung des Bedarfs an Bildungsangeboten für ältere Menschen voraussagt (Sommer et al., 2006). Es mag hinzukommen, dass der Bildungshunger der heutigen Älteren deswegen so besonders groß ist, weil vielen von ihnen, insbesondere Frauen, Bildungsmöglichkeiten in der Kriegs- und Nachkriegszeit vorenthalten wurden oder nicht zur Verfügung standen. Dieses Gefühl der Benachteiligung, das manche ein Leben lang nicht verlassen hat, möchten sie jetzt ausgleichen und eine Wiedergutmachung erfahren. Das sei ihnen zugestanden, aber kann dies das Ziel auch für die Zukunft sein? Individuelle Bildungswünsche zu realisieren mag ein legitimes Anliegen sein, aber spiegelt sich ein reifes, angenommenes Alter darin, dass man sich in den Hörsaal setzt und so tut, als sei man noch einmal zwanzig? Das Problem liegt ja darin, dass die hinzugewonnene Bildung kaum noch in irgendeiner Weise umgesetzt werden kann, zu einem Nutzen, der über die individuelle Befriedigung hinausreichen würde. Sollte man aber von Älteren nicht mehr erwarten?

Der Begriff der Generativität, der weiter vorn schon kurz erläutert wurde, umfasst eine Haltung, die über das eigene Selbst hinausreicht und die Verantwortung für andere, also für die nachfolgenden Generationen, für das Gemeinwohl und für die Bewahrung der Welt einschließt. Nimmt man diesen Begriff ernst, ist damit ein verantwortungsbewusstes Altern gemeint, keines, das allein das eigene Wohl in den Vordergrund rückt und das Alter als eine endlose Freizeitveranstaltung versteht. Die Anzahl derjenigen, die in Gemeinschaftsaktivitäten eingebunden sind, das heißt in der Regel ein Ehrenamt übernommen haben, ist bei den über 65-Jährigen von 1999 bis 2004 von 29 % auf 33 % angestiegen. Damit übernehmen sie Verantwortung und tragen zur Aufrechterhaltung einer sozialen Kultur bei, die in der heutigen Zeit gefährdet ist, wie die nachlassende Bedeutung der Vereinskultur zeigt, die für den inneren Zusammenhalt unserer Gesellschaft von maßgeblicher Bedeutung ist (Aner et al., 2007).

Ein verantwortliches Altern, das sich in einer solch konkreten Aktivität niederschlägt, kann eine generative Haltung zum Ausdruck bringen, die auf die Bewahrung unserer Welt ausgerichtet ist. Die beschleunigte Globalisierung führt zu einer Erosion sozialen Zusammenhalts und gesellschaftlicher Verantwortung, zum Verlust unverzichtbarer Werte und zu sozialer Ungleichheit, die an frühkapitalistische Zeiten denken lässt. Dass Ältere dem eher zu widerstehen vermögen, wird mancherorts in der Wirtschaft genutzt, indem ehemalige Manager aus dem Ruhestand zurückgeholt werden, um den allzu forschen Jungen eine Instanz zur Seite zu stellen, die über mehr Weitsicht und Moralität verfügt.

Darüber hinaus könnte sich ein verantwortliches Altern auch in anderen Bereichen der Gesellschaft artikulieren. Die Bedrohung der Welt durch Umweltzerstörung und Klimawandel macht ein Verantwortungsdefizit sichtbar, in das gerade Ältere vorstoßen könnten. Die jetzt nachrückende Generation Älterer ist in den 1960er Jahren für einen gesellschaftlichen Wandel eingetreten und hat wichtige Anstöße gegeben. Sie bringt also wichtige Erfahrungen mit, die jetzt im Alter reaktiviert werden könnten. Dies könnte ein wichtiger Beitrag auch im Hinblick auf ihr eigenes Altern darstellen, leiden doch manche unter dem Gefühl, ihre früheren Ideale dem beruflichen Fortkommen geopfert zu haben. Sie würden nun eine zweite Chance ergreifen, im

Sinne einer umfassender zu verstehenden Generativität für die Zukunftsfähigkeit unserer Gesellschaft und für die Bewahrung unseres Planeten einzutreten und damit selbst ihrem Generationenprojekt eine späte Fortsetzung zu verschaffen.

Stiften tut gut – Das Stiftungswesen boomt

»Stiften tut gut«, so eine Initiative der Evangelischen Kirche Hessen-Nassau. Stiftungen gibt es in Deutschland seit über 1000 Jahren. In den 1980er Jahren wurden durchschnittlich 150 neue Stiftungen im Jahr gegründet, mit deutlich steigender Tendenz. Heute schon gibt es Deutschland nahezu 15.000 Stiftungen, wobei Stiftungsgesellschaften darin gar nicht erfasst sind. Stiftungen können als zentraler Bestandteil einer bürgerschaftlichen Gesellschaft angesehen werden. Das Wachstum des Stiftungswesens hat zweifellos vor allem mit den ungeheuren Vermögenswerten zu tun, die in der aufstrebenden Wohlstandsgesellschaft angehäuft wurden und jetzt vererbt werden, ohne dass immer Erben aus dem familiären Umfeld vorhanden sind. Doch meist liegen der Übergabe des Vermögens – und es muss nicht immer ein großes Vermögen sein, viele kleinere Vermögen können in Stiftungsgemeinschaften eingebracht werden – vielfältige Motive zugrunde. Viele Ältere sehen darin eine Möglichkeit, sich sozial zu engagieren, und das in einer Art und Weise, die über ihren Tod hinauswirkt. Daraus kann dann ein Lebenssinn erwachsen, der zu einer tragenden Säule auf dem Weg ins Alter wird. Dabei kommt die symbolische Bedeutung ebenso zum Tragen wie die konkrete Tätigkeit in der Verwaltung der Stiftungsgelder. Die Verbindung dieser Motive macht das Stiftungswesen zu einer so wertvollen Möglichkeit, sich das Alter in einer positiven Weise anzueignen.

Ein solcherart verantwortliches Alter könnte nicht zuletzt auch der seit langem vorgetragenen Forderung nach einer besseren gesellschaftlichen Integration der Alten mehr Nachdruck verleihen. Sie wurden an den Rand der Gesellschaft gedrängt, um dort zum Objekt gesellschaftlicher und sozialer Fürsorge zu werden. Dies ist ohne Zweifel gerechtfertigt, wenn das Alter mit seinen negativen Seiten spürbar wird. Doch es kann nur dann gesellschaftliche Anerkennung erfahren, wenn die Älteren selbst für sich Verantwortung übernehmen. Es würde gewissermaßen ein Altersmodell neu belebt, das über viele Jahrhunderte maßgeblich war, nämlich so lange tätig zu sein und zu arbeiten, wie es der körperliche Zustand erlaubt. Alter war in früheren Zeiten nicht an eine Altersgrenze gebunden, sondern von der körperlichen und geistigen Verfassung abhängig. Es kann sicherlich nicht darum gehen, so lange wie möglich im Arbeitsleben zu verbleiben, aber es geht um eine Ethik des Alterns, die diesen Lebensabschnitt nicht frei von jeglicher sozialer Verpflichtung sieht. Damit böte sich auch die Chance, auf den Eigenwert des Alters selbst hinzuweisen und dafür Sorge zu tragen, dass dieser in die Gesellschaft zurückwirkt, wenn beispielsweise die Verlangsamung im Alter auch der Gesellschaft zu entschleunigten Zonen verhelfen oder die Reflexivität, die diesem Lebensabschnitt zu eigen ist, die Gesellschaft zu einem gelegentlichen Innehalten bewegen würde. Das Alter könnte dadurch eine veränderte gesellschaftliche Relevanz jenseits der allseits beklagten Altenlast erlangen. Es könnte eine Kultur des Alters entstehen, wie sie der renommierte Gerontologe Paul B. Baltes (1996) gefordert hat. Eine solche Kultur böte den Älteren selbst neue Leitbilder, neue Identifikationsmöglichkeiten, neue Betätigungsfelder und damit mehr Chancen zu einem selbstbewussten Alter. Das gebrechliche Alter, das tatsächlich der Unterstützung und Fürsorge bedarf, kommt früh genug.

5   Die Kunst des Alterns – Was versteht man unter Aneignung?

Der Film »Von der Kunst, alt zu werden« der belgischen Regisseurin Caroline D'Hondt aus dem Jahre 2004 bringt dem Zuschauer einige ältere Menschen auf eine Art und Weise näher, die uns zu einem tieferen Verständnis dessen hinführt, wie sie denken und fühlen, wie sie ihr Leben betrachten und mit ihrem Alter umgehen. Sie porträtiert ältere Menschen in Brüssel und in Mexico City, also zwei Metropolen der westlichen Welt, stellt sie uns nicht nur in ihrer privaten Umgebung vor, sondern auch im öffentlichen Raum, in der unmittelbaren Konfrontation mit markanten Phänomenen unserer Zeit. Die Reise der Kamera beginnt in der U-Bahn, der Schlagader moderner Städte, in der wie kaum sonst wo das moderne, hektische Leben pulsiert. Menschen eilen zum Zug, drängeln sich nach vorn, um noch einen Platz zu ergattern und rechtzeitig zur Arbeit zu kommen, stumm stehen sie in der U-Bahn dicht gedrängt nebeneinander und sind doch allein. Kaum sonst wo sind Menschen so nah beieinander und doch so fern, zwar anwesend, aber nicht ansprechbar. Mitten dazwischen die älteren Menschen. Meist wirken sie eher am Rande stehend, beobachtend, außerhalb des hektischen Treibens, als ob sie das Angestrengte und Geschäftige, das die anderen ausstrahlen, mit mehr Abstand erleben, fast ein wenig entfremdet. Sie wirken nachdenklich, etwas melancholisch, aber auch in sich ruhend, als ob das Treiben um sie herum an ihnen abprallt.

Wenn man sie dann in ihrer privaten Umgebung erlebt und sie Auskunft geben über ihr Leben, merkt man, dass die Melancholie nicht mit Depression verwechselt werden darf. Es äußert sich eher eine nachdenkliche, reflexive Melancholie, von der eine Ausstrahlung ausgeht, die den Zuschauer ansteckt. Dieser gewinnt das Gefühl, dass

134

diese alten Menschen mehr vom Leben verstehen als andere, dass die Ruhe, die sie ausstrahlen, auf Lebenserfahrung und Lebenswissen beruht, über die Jüngere nicht verfügen. Nicht verleugnend, nicht ein Leben vortäuschend, das nicht mehr existiert, ohne Scheu betrachten sie die Realität ihres Lebens, das sich dem Ende zuneigt. Es ist schon ein wenig Trauer zu spüren, wenn sie darüber Auskunft geben, was nicht mehr möglich ist, wovon sie loslassen mussten, was sich ihnen verschlossen hat. Aber sie sind nicht aus dem Gleichgewicht geraten, im Gegenteil, irgendwie scheinen sie ihre Situation mit Gelassenheit, vielleicht auch Demut, dieser heute eher verpönten Tugend, hinzunehmen. Auch über Tod und Sterben sprechen sie offen, fast wie selbstverständlich, und dieses Thema löst keineswegs Verbitterung oder Verzweiflung aus, im nächsten Augenblick finden sie zu ihrem Humor zurück, der nicht verloren gegangen ist. Caroline D'Hondt hat in den Titel des Films »Von der Kunst, alt zu werden« den Begriff »Kunst« eingeflochten, der soviel wie Brücken bedeutet, Brücken, die notwendig sind, um über Abgründe hinwegzukommen und neue Verbindungen herzustellen. Dies scheint den Alten in dem Film gelungen zu sein.

Oft ist zu hören, man müsse das Alter annehmen, was in etwa so klingt, als bekomme man etwas geschenkt, das man am liebsten wieder zurückgeben möchte, oder als müsse man notgedrungen eine Aufgabe übernehmen, der man sich eigentlich zu entziehen hoffte. Haben etwa die in dem Film porträtierten Menschen ihr Alter angenommen? Man möchte sagen »ja«, und doch bleibt das Gefühl, als würde man ihnen damit nicht gerecht. Es ist nicht nur ein Annehmen, denn das klingt wie hinnehmen, also etwas Passives, das kaum geeignet ist, zu einem sinnerfüllten, konstruktiven Alter zu gelangen. Andererseits ist in der heutigen Zeit unentwegt vom aktiven Alter die Rede, Gerontologen werden nicht müde, auf die Vorteile eines solchen Alterns hinzuweisen. Leben nun die in dem Film gezeigten Menschen ein aktives Alter? Vielleicht ja, vielleicht aber auch nicht, es scheint mir auch gar nicht so erheblich, weil auch das nicht den Kern der Frage trifft. Aktivität wird vielfach in einer eher oberflächlichen Art verstanden, also im Sinne von Teilnahme am sozialen Leben, sich beschäftigen, Hobbys entwickeln und Freizeitaktivitäten pflegen, vielleicht ein Ehrenamt bekleiden, alles Tätigkeiten mithin, die ohne Zweifel von erheblicher Bedeutung sind. Allerdings enden sie oft genug in Konsum- und Reiseaktivität. Aktivität trägt jedoch vornehmlich dann zu einem konstruktiven Altern bei, wenn sie authentisch ist, das heißt wenn sie mit individuellem Lebenssinn gefüllt ist.

Weder Annehmen des Alters noch das Schlagwort vom aktiven Alter treffen das Wesen des Alters, beide Sichtweisen bleiben am Äußerlichen haften und greifen zu kurz. Deshalb habe ich in diesem Buch den Begriff der *Aneignung* vorgeschlagen, weil er beides umfasst, aber doch darüber hinaus geht und uns das näher zu bringen vermag, was ein Altern ausmacht, das den ganzen Menschen umfasst. Schauen wir uns den Begriff der Aneignung etwas genauer an. Es handelt sich um einen psychodynamischen Begriff, mit dem sich etwa Rahel Jaeggi (2005) von philosophischer Seite intensiv befasst hat. Das eigentliche Thema ihres Buches ist nicht die Aneignung, sondern die Entfremdung, beide Vorgänge stehen jedoch in enger Verbindung zueinander. Entfremdung erfordert Aneignung, um die Entfremdung aufzuheben, Aneignung aber geht eine Entfremdung voraus. Was ist mit Entfremdung gemeint, was hat das Alter damit zu tun?

Entfremdung bedeutet so etwas wie Indifferenz oder Entzweiung, aber auch Macht- und Beziehungslosigkeit sich selbst und einer als gleichgültig und fremd erfahrenen Welt gegenüber. Die Welt und die Person selbst erscheinen erstarrt, irgendwie herausgelöst, als ob das »zu Hause« verloren gegangen ist. Der Existenzialist Jean Améry (1968) hat in seinem sehr beeindruckenden, aber auch bedrückenden Buch »Über das Alter. Resignation und Revolte« den Prozess des Alters als einen Prozess zunehmender Entfremdung beschrieben. Nach Améry vollzieht sich dieser Prozess auf mehreren Ebenen, angefangen bei den körperlichen Veränderungen, die den Alternden von dem vertrauten Bild von sich selbst und von seinem Körper entfernen, die soziale Entfremdung, die entsteht, weil die Älteren an den Rand der Gesellschaft gedrängt werden, und die kulturelle Entfremdung, die dadurch zustande kommt, dass die Zeit über sie hinweggeht und sie sich nicht mehr mit dem identifizieren können, was sie umgibt, und sie manches nicht mehr verstehen, was die Welt ausmacht, die nicht mehr die ihre ist. Altern führt laut Améry also zu einer Art Trennung von etwas, was eigentlich zusammengehört, zu Beziehungslosigkeit. Damit zeichnet er zweifellos ein bedrückendes, negatives Bild vom Alter. Ich stimme seiner Beschreibung durchaus zu, dennoch habe ich in diesem Buch ein positiveres Bild vom Alter entworfen. Wie fügt sich das zusammen? Tatsächlich kann sich dem Gefühl der Entfremdung in der Erfahrung des Älterwerdens wohl niemand völlig entziehen, der den Mut hat, sich offen und ehrlich zu begegnen. Dennoch muss man nicht in eine existenzielle Verlorenheit fallen, sondern kann in einen Prozess der Aneignung eintreten, so wie ich ihn in diesem Buch beschrieben habe. Welche grundlegenden Merkmale hat Aneignung aus philosophischer Sicht, und wie kann der Begriff uns helfen, den Prozess des Alterns zu verstehen?

Die Philosophin Rahel Jaeggi geht also von einem Zustand der Entfremdung aus, der durch einen Prozess der Aneignung aufgehoben werden kann. Das geschieht nicht passiv, gefordert ist vielmehr Aktivität, die dazu führt, etwas zu durchdringen und eigenständig zu verarbeiten. Es reicht nicht aus, etwas zu erkennen, also eine Einsicht zu gewinnen. Einsicht kann nur als erster Schritt gelten, im zweiten Schritt geht es darum, mit der gewonnenen Erkenntnis umgehen zu lernen, etwas daraus zu machen, sie durchzuarbeiten, damit das Wissen wirklich und praktisch zur Verfügung steht. Man könnte an dieser Stelle einen Vergleich zur Psychotherapie herstellen, wo es auch um Einsicht in die eigenen Probleme geht. Doch eine Psychotherapie, die dabei stehenbleiben würde, wäre nicht erfolgreich. Die Einsicht ist allenfalls der erste Schritt. Diese Einsicht durchzuarbeiten ist der entscheidende nächste Schritt, er führt hin zu wirklichen Veränderungen, wodurch die Einsicht erst wirksam wird.

Man könnte auch einen ganz anderen Vergleich herstellen. Stellen Sie sich vor, Sie haben ein neues Haus gebaut und es nun bezogen. Endlich ist es soweit, Sie haben lange darauf hingearbeitet und sind voller Freude. Doch nun sitzen sie in ihrem neuen Haus, und irgendwie mischt sich zwischen die Freude ein anderes Gefühl, etwas, das man als Melancholie bezeichnen könnte; es ist die Melancholie alles Fertigen, um ein Wort von Nietzsche aufzugreifen. Und vielleicht trauern wir in einem solchen Augenblick auch der alten Behausung nach, die wir verlassen haben, weil es uns zu Neuem hindrängte. Es handelt sich also auch um einen Zwischenzustand, in dem sich verschiedene Gefühle mischen, Trauer und Abschied, die doch jedes Altern begleiten, und das paradoxe Gefühl, dass Sie nun in Ihrem eigenen Haus sitzen, aber sich dennoch fremd fühlen. Vielleicht stellt sich in dem Augenblick sogar ein Gefühl ein, es ist gar nicht Ihr Haus, obwohl Sie es doch besitzen. Das Gefühl der Melancholie ist ein wichtiges Gefühl, das Sie nicht übergehen sollten, es verhilft Ihnen zu einer wichtigen Erkenntnis. Und bald merken Sie, dass Sie nicht in diesem Gefühl verharren, und vielleicht helfen Ihnen die Menschen um Ihnen herum dabei. Sie stehen auf und machen sich daran, Ihre persönlichen Gegenstände auszupacken und in die neuen, aber noch leeren Regale zu stellen, und am Ende des Tages sieht es schon etwas anders aus. Nach ein paar Wochen weist das Haus deutliche Spuren Ihrer Lebensgewohnheiten auf, in der einen Ecke stapeln sich Zeitungen, die angebrochene Weinflasche gehört zu Ihnen und verschafft ein vertrautes Gefühl, und mehrmals schon ist die Ihnen vertraute Musik durch die Räume geklungen und hat sie mit Leben erfüllt. Und dann war da das wunderschöne Einweihungsfest, bei dem es hoch herging, und seitdem verbinden sich mit dem Haus schon erste kleine Geschichten und Erinnerungen. Sie merken, worauf das hinausläuft, es geht darum, das Haus mit Leben zu füllen, ihm Spuren eigenen Lebens zuzufügen, und je mehr dies geschieht, umso mehr wird es Ihr eigenes Haus, das Sie als Zuhause empfinden. Sie haben das geschafft, was man als Aneignung bezeichnen könnte, Sie identifizieren sich mit ihrem Haus.

Doch zurück zu Rahel Jaeggi. Sie schreibt, dass das, was man sich aneignet, nicht äußerlich bleibe. Indem man es sich zu seinem Eigenen macht, wird es in gewisser Hinsicht Teil seiner selbst, es findet eine Durchmischung statt. Dabei ist der produktiv-gestaltende Umgang entscheidend, die Aneignung lässt das Angeeignete nicht unverändert, es gewinnt eine ganz persönliche Prägung. Um auf das Beispiel mit dem Haus zurückzukommen, könnte damit gemeint sein, dass einerseits sich das Haus ändert, weil es sich mehr und mehr mit persönlichen Gegenständen füllt. Doch mehr noch verändern sich im Zuge der Aneignung das innere Bild vom Haus und die Gefühle, die sich mit ihm verbinden. Kommt ein solcher Prozess zustande, sehen Sie ihr Haus mit ganz anderen Augen als zuvor. Aneignung steht also für eine Art von Verinnerlichung, von Durchdringung, in dem das Angeeignete gleichzeitig geprägt, gestaltet und formiert wird. In gleichem Maße verändert sich auch der Aneignende selbst, sein Denken, sein Fühlen und sein Selbstbild. In einem Aneignungsprozess verändern sich beide, das Angeeignete und der Aneignende, es ist also ein gegenseitiges Durchdringen. Darin liegt auch ein Spannungsverhältnis zwischen dem Vorgegebenen und dem Gestaltbaren, zwischen Übernahme und Schöpfung, zwischen Souveränität und Gestaltbarkeit der Person.

Doch wie jeder Vergleich hinkt auch dieser, und zwar schon deshalb, weil der Vergleich mit einem alten Haus näher läge als der mit einem neuen. Das alte Haus ist das, das sich der ältere Mensch in vielen Jahren, vielleicht Jahrzehnten angeeignet hat, mit dem er sich verbunden fühlt, das zu einem Teil seines Selbst geworden ist, in dem sich in zahlreichen Gegenständen die Spuren seines bisherigen Lebens finden lassen. Vor dem alten Haus stehen wir bewundernd, es strahlt Dauer und Zuverlässigkeit aus, in ihm ist ein Stück Unsterblichkeit Wirklichkeit geworden. Das alte Haus strahlt Würde aus, ihm bringen wir Respekt entgegen. Wir stoßen hier auf eine Bedeutung von »alt«, die uns aus dem Blick geraten ist, wenn wir von alten Menschen sprechen. Denn dann werden meist negative Assoziationen freigesetzt, wir denken an Abbau, Defizit, Zerfall, und uns allen sind Begriffe wir alte Jungfer, alte Hexe, alter Esel und so weiter wohl vertraut. Zwar finden wir in neuester Zeit auch vermehrt positive Begriffe, seit das Alter als Lebensphase neu entdeckt worden ist, dann ist womöglich von Best Agers, von Pro Aging oder gar Happy Aging die Rede. Doch diese Begriffe sind blanker Zynismus, sie sind Ausdruck der Oberflächlichkeit heutigen Denkens, das sich nicht mehr die Mühe macht, das Wesen der Dinge zu ergründen. Die Vorstellung von einem alten Haus lenkt uns hin zu einem ganz anderen Verständnis des Begriffes, das an früheste Bedeutungen von »alt« erinnert, die ins Gotische zurückführen. Danach hat es etwas mit »nähren« zu tun und bedeutet so viel wie »voll genährt«, »erwachsen«, »gereift«. Wir verwenden eigentlich ständig dieses Begriffsverständnis von alt, wenn wir von alten, antiken Möbeln, altem, gereiften Whiskey oder alten, kostbaren Büchern sprechen – ein solches Verständnis von alt kommt dann zum Tragen, wenn es um den erworbenen Charakter von Dingen geht. James Hillman (2004) schildert in seinem sehr gedankenreichen Buch »Vom Sinn des langen Lebens« das Beispiel seiner Enkelin, die einen Teller in die Hand nimmt und der er besorgt zuruft: »Pass auf! Der gehörte meiner Großmutter, deiner Urgroßmutter.« Damit werde zum Ausdruck gebracht, dass ihm der Teller lieb sei, dass er kostbar und zerbrechlich ist. Die Enkelin muss sich darauf einstellen, sich seinem Tempo anpassen, langsam mit ihm durch den Raum schreiten.

Im Laufe der Zeit hat sich die Geschichte in diesem Teller abgelagert, eine Vielschichtigkeit, die ihm seine Einzigartigkeit verleiht und die ihn uns als wertvoll und erhaltenswert erscheinen lässt.

Dieser erworbene Charakter alter Dinge weckt unser Vertrauen, wir erleben ihre Einzigartigkeit, die sich manchmal durch die Schönheit, ihre Patina oder ihre Gestalt vermittelt, und zwar auch dann – oder vielleicht gerade dann – wenn sie durch übermäßigen Gebrauch abgegriffen, stumpf und schäbig geworden sind. Wer etwa könnte sich der einzigartigen Atmosphäre Venedigs entziehen, an kaum einem anderen Ort ist das hier Gemeinte in derart dichter Form zu erleben. Das Alte gewinnt hier eine Wirkung, die manches Neue umso oberflächlicher und kurzlebiger erscheinen lässt, während es Dauer ausstrahlt und wertvoll erscheint, obwohl es unverkennbar die Zeichen des Verfalls trägt. James Hillmann hat in seinem Buch die These entwickelt, dass wir alle dieses Gefühl für das Alte als Seinszustand jenseits von Schönheit und Nützlichkeit brauchen, dass uns ansonsten der Übergang in die späten Jahre nicht leichtfallen wird. Wenn sich in unserer Vorstellung Altsein mit dem Bild von der Fülle des Erworbenen verbindet, gleichzeitig gekoppelt mit dem Abwerfen unwesentlicher Dinge, finden wir einen anderen Weg ins Alter. Mir scheint, dass darin eine wesentliche Aufgabe der Aneignung des Alters zum Ausdruck gebracht ist und etwas vom Wesen des Alters, den uns Caroline D'Hondt in ihren einfühlsamen Porträts älterer und alter Menschen vor Augen führt.

6   Gutes Altern – Szenarien, Projekte, Hilfen

In diesem abschließenden Kapitel werden einige Beispiele vorgestellt, die alle etwas mit Aneignung im Alter zu tun haben und die einen möglichen Schritt auf diesem Weg beschreiben. Es handelt sich ausschließlich um Beispiele, die ältere Patienten berichtet haben, an denen ich in meiner beruflichen Tätigkeit entweder beteiligt war oder die ich selbst entwickelt habe oder die für mich auch persönlich auf meinem eigenen Weg ins Alter von Bedeutung sind.

6.1 Ein ganzheitlicher Weg – Die Arbeit im Garten

So wie 46 % aller Erwachsenen ist auch Herr Z. häufig im Garten zu finden, und wenn nicht freiwillig, dann wird er von seiner Frau mit sanfter Hand dazu gedrängt. Und irgendwie war es auch gut, einen Rhythmus beizubehalten, er hatte jetzt im Sommer seine festen Zeiten, an denen er an die frische Luft ging. Das entsprach auch einer Notwendigkeit, denn der Garten am neuen Haus, das sie erst vor einigen Jahren bezogen hatten und das seine zweite Frau ihrem Bild vom Traumhaus folgend entworfen hatte, wollte einfach nicht fertig werden, irgendwie schien der Garten immer größer zu werden, und erst zuletzt war ein Hang abgerutscht, und die Erde musste jetzt mit Schubkarren beiseite gefahren werden. Die Erdarbeiten, die Kraft- und Ausdauertraining zugleich waren, erlebte er nicht nur als mühsam, sie vermittelten ihm auch das Gefühl, körperlich noch leistungsfähig zu sein, auch wenn er seine Grenzen kennen und respektieren lernte. Und so gewöhnte er sich an, regelmäßig Pausen einzulegen, in denen er sich mit dem geplanten Blumenbeet beschäftigte, worauf er schon einige Phantasie verwendet hatte. Und da er an den neuen Ideen Gefallen gefunden hatte, dehnte er seine Pausen immer wieder aus, und seine Ideen weiter auszumalen verschaffte ihm die beruhigende Gewissheit, dass seine Kreativität keineswegs nachgelassen hatte, die er früher in seinem Beruf hatte entfalten können, wo er mit technischen Fragen beschäftigt war und alle sich bei ihm Rat holten, wenn sie nicht weiter wussten. Wenn er eine solch neue Idee zu fassen kriegte, fühlte er sich ganz ausgefüllt davon, er schien darin neuen Sinn zu finden.

So bunt und vielfältig die optische Wirkung eines Gartens ist, so reichhaltig sind auch die Erfahrungen, die mit Gartenarbeit verbunden sein können. Obwohl die Versorgungsfunktion heute eher in den Hintergrund getreten ist, bleibt doch die Möglichkeit, sichtbare Erfolge zu erzielen, wenn im Frühjahr die ersten selbst gepflückten Blumen das Wohnzimmer schmücken und im Sommer der erste selbst gezogene Salat auf den Tisch kommt, der immer anders schmeckt als der gekaufte. Es erfordert Geduld, Ruhe und Gelassenheit, den Pflanzen Zeit zu geben und ihr Wachstum zu verfolgen, Eigenschaften, die Herr Z. in seinem Beruf nicht immer in ausreichendem Maße aufgebracht hatte, jedenfalls hatte er dies manches Mal von Kollegen zu hören bekommen, doch jetzt konnte er irgendwie mehr mit diesen Eigenschaften anfangen, er schien sie sogar manches Mal als Bereicherung zu erleben. Wenn er sich jetzt die Zeit nahm, vor Einbruch der Dunkelheit noch einmal durch den Garten zu streifen, dann konnte er die Blumen riechen, besonders die alten englischen Rosen hatten es ihm angetan, ihren Duft einzuatmen, war immer wieder ein besonderes Erlebnis, das ihm früher lächerlich vorgekommen wäre. Und wenn er sich einen Moment der Ruhe überließ, dann konnte er die Vögel hören, und dabei entstand in ihm ein behagliches Gefühl von Gelassenheit, und die Sorgen, die er sich tags zuvor noch gemacht hatte, schienen nicht mehr so bedeutsam. Dann nutzte er die Gelegenheit, sich in eine Ecke zurückzuziehen, aus der heraus der Garten in besonders schönem Licht erschien, wenn die Abendsonne ihre letzten Strahlen aussandte. Der Garten war ihm zunächst viel zu groß erschienen, doch jetzt war er dankbar für die Rückzugsräume, suchte er die Orte zum Verweilen gern auf.

Ein Garten fördert also nicht nur körperliche Betätigung, sondern ermöglicht auch sinnliches Erleben, das im Hinblick auf das Alter von großem Wert ist. Er fördert aber noch in anderer Hinsicht Prozesse, die eine Auseinandersetzung mit dem Alter beinhalten. Von Bedeutung ist die Anerkennung der Grenze dessen, wie viel körperliche Arbeit noch zumutbar ist, und mancher Garten, vermutlich auch der von Herrn Z., stellt sich irgendwann als viel zu groß heraus. Dann sind Entscheidungsprozesse gefordert, was wichtig und erhaltenswert ist und was vielleicht aufgegeben werden kann, auch hier ist, wie in anderen Bereichen, eine Begrenzung und Zentrierung erforderlich. Die Verbundenheit mit Haus und Garten vermittelt Älteren ein Geborgenheits- und Heimatgefühl, vielleicht auch einen inneren Halt, auf den sie besonders angewiesen sind. Bedenkt man, dass die heute Älteren durch die Erfahrung von Krieg, Flucht und Vertreibung in besonderer Weise geprägt wurden und für viele damit ein Gefühl der Entwurzelung verbunden war, weil sie »Haus und Hof« verloren haben, dann mag der Garten ein solches Gefühl ausgleichen und in besonderer Weise zum Ort der Geborgenheit werden. Auch Herr Z. war vor den einmarschierenden Russen geflohen, im Graben liegend waren die Panzer über ihn hinweggerollt, und er musste überstürzt mit seiner Mutter fliehen, während der Vater im Krieg geblieben war. Er war oft umgezogen in seinem Leben und hatte nirgendwo richtig Fuß fassen können, umso dankbarer war er jetzt für das Geborgenheitsgefühl, das ihm Haus und Garten vermittelte.

Irgendwann im Herbst sind dann die wichtigsten Arbeiten erledigt, und der Garten kann über den Winter ruhen, bis er im Frühjahr neu erwacht. Dieser Wechsel der Jahreszeiten, der im Garten sinnlich erfahrbar wird, vermittelt ein besonders Gefühl für Zeit. Im Garten ist das Werden und Vergehen beobachtbar. Der Ältere ist eng verbunden mit diesen natürlichen Abläufen, er kann sich als Teil dessen erleben und leichter das Vergehen der Zeit als eine Grunderfahrung des Alters und der Endlichkeit des Lebens akzeptieren, mithin eine der fundamentalen Aufgaben der Aneignung des Alters. Die Erfahrung, in diesen umfassenderen Prozess des jahreszeitlichen Rhythmus eingebunden zu sein, relativiert die eigene Existenz und erleichtert die Annahme der eigenen Endlichkeit.

6.2 Äußere und innere Räume öffnen –
Die Wandergruppe

Manch einem mag das Wandern verhasst sein, ihn an Zwangsmaß-
nahmen in seiner Kindheit erinnern. Doch anders bei Herrn P.,
aufgewachsen in einem Dorf, in dem ein Ortsteil Berg hieß, weil er
vielleicht zwei oder drei Meter höher lag las das Dorf selbst, alles
andere war flach. Doch die Mutter kam aus einem Mittelgebirge, und
in der Kindheit verbrachten sie oft den Urlaub bei den Verwandten
dort. Es war ein besonderes Privileg, denn die meisten anderen Kinder
im Dorf kannten das Wort Urlaub Anfang der 1960er Jahre nur vom
Hörensagen, sie selbst waren nie in den Genuss gekommen. Der
Urlaub im Gebirge war mit Wandern ausgefüllt, mit dem Bruder, dem
Vater, dem Neffen und dem Onkel, es gab auch einige Wanderungen
mit der Großfamilie, dann machte man Picknick; es waren ganz besondere Erlebnisse, die ihm aus seiner Kindheit in Erinnerung geblieben sind.

Die Kindheit lag lange zurück, das Flachland, in dem er aufgewachsen war, hatte er längst verlassen, und er lebte in einer Mittel-
gebirgslandschaft, die der nicht unähnlich war, in der er als Kind mit
seinen Eltern häufig die Sommerferien verbracht hatte. Jetzt war die
Tochter aus dem Haus, und auch seinen Freunden erging es nicht
anders, man hatte Zeit gewonnen, die gefüllt werden wollte, Gespräche über körperliche Aktivitäten, die dem Alter vorbeugen
könnten, hatten seit geraumer Zeit zugenommen, und der ein oder
andere verschwendete bereits Gedanken an den bevorstehenden Ruhestand. Seit ein paar Jahren hatten sie sich zu einer Wandergruppe
zusammengefunden und wechselweise, zweimal im Jahr, wurde ein
Wanderwochenende organisiert. Es fing ganz in der Nähe an, und so
lernte Herr P. allmählich die Gegend, wohin er beruflich bedingt vor
längerer Zeit gezogen war, neu kennen. Der Radius der Wanderungen
erweiterte sich immer mehr, und so schien denn dieser verwunschene
Ort, zu dem er, seit er dort lebte, ein zwiespältiges Verhältnis gehabt
hatte, mit der Zeit als eingebettet. Er gewann Mittelpunktcharakter
und damit auch für ihn eine neue Bedeutung. Die heute geforderte
Mobilität bringt es mit sich, dass es Menschen an Orte verschlägt, zu
denen sie keine Bindung haben. Doch ist nicht ein Gefühl von Hei-

mat unersetzlich, wenn wir älter werden, Heimat als das, was uns mit Orten und Landschaften verbindet? Es kommt darauf an, sich den Ort, an den es einen verschlagen hat, anzueignen, um ihn als den seinen erleben zu können und an dem man mit Überzeugung leben mag.

Viele träumen von der großen Reise, wenn das Alter näher rückt, und verwenden darauf viel Energie. Der Traum hat sich im Laufe der Jahre, als der Stress des Berufes größer und größer wurde, immer mehr angereichert. Und kommt die Reise tatsächlich zustande, kann manch einer von den Erlebnissen, die er davon mitbringt, lange zehren. Aber ebenso oft verblasst das einmalige Erlebnis rasch, ohne bleibende Spuren zu hinterlassen; die ausgetretenen Pfade des Alltags kehren rasch wieder, womöglich erscheinen sie ohne den Traum von der großen Reise noch einengender, möglicherweise hatte die Sehnsucht, die dem Traum zugrunde lag, ganz andere, unerkannte Quellen. Vielleicht sind in mancherlei Hinsicht die kleinen Reisen wertvoller, weil sie näher am Alltag sind, sich mehr mit dem normalen Leben verknüpfen und vielleicht gerade deshalb eine nachhaltigere Wirkung haben, weil sie dazu beitragen können, zu sich selbst und zu seiner nächsten Umgebung ein verändertes Verhältnis zu finden. Es ist nicht der einmalige Wurf der großen Reise, sondern das stetige Fortschreiten im Kleinen, das das Lebensgefühl verändert. So erlebten wir eine Wanderung als großes Erlebnis, die von einer Stadt ihren Ausgangspunkt nahm, in die wir ansonsten eher zum Einkaufen fuhren, und die wir nun ganz anders erfahren konnten. Wir durchwanderten herrliche Wälder, und als wir nach einem Aufstieg den weit und breit höchst gelegenen Berg erklommen hatten und mit einer herrlichen Weitsicht belohnt wurden, erschöpft ins Gras fielen und sofort nach der Wasserflasche griffen, brachte einer der Mitwanderer das Gefühl, das alle hatten, auf den Punkt: »Wie auf dem Dach der Welt«; dass der Berg nur von bescheidener Höhe war, tat diesem Gefühl keinen Abbruch. Ja, so kann man sich fühlen, wenn man den Aufstieg geschafft hat und die Aussicht genießt. Oder jene Wanderung an einem Bach entlang, immer das Plätschern des Wassers im Ohr, also jenes Geräusch, das uns daran erinnert, dass Leben Wasser ist, dass Leben im Wasser beginnt und wir auf Wasser angewiesen sind, um Leben zu können. Und wenn die Atmung allmählich tiefer wird und sich dem Rhythmus des Gehens anpasst, können wir gewissermaßen aufatmen.

Dass Wandern zur Lebenskunst werden kann, hat Ulrich Grober (2006) in seinem Buch »Vom Wandern. Neue Wege zu einer alten Kunst« beschrieben, und manchmal bekommen wir etwas davon zu spüren, wenn wir bereit sind, uns darauf einzulassen.

Dort aber, wo der Kopf frei wird und der Körper sich weitet, kann Neues entstehen. Wandert man mit anderen zusammen, findet man zu Gesprächen, die vielleicht sonst nicht so ohne weiteres entstehen würden, Beziehungen vertiefen sich, Freundschaften entstehen oder werden inniger, Freundschaften, die im Alter so wichtig sind. Doch kann man gelegentlich auch allein wandern, und wenn man will, kann man einer solchen Wanderung einen besonderen Rahmen geben, so wie es in einigen Psychosomatischen Kliniken geschieht. So habe ich es auch vor einiger Zeit gemacht, ganz allein ging ich los, nur mit einer Trinkflasche versorgt, zwei Äpfel sollten mir ausreichen, die Kondition zu erhalten, mit dem festen Vorsatz, nirgendwo einzukehren. Für eine solche Wanderung kann man sich ein Thema vornehmen, das momentan im Leben für gelegentliches oder häufiges Unwohlsein sorgt, vielleicht sogar größeren Kummer bereitet, oder bei dem es darum geht, den weiteren Lebensweg abzustecken. Die Aufgabe besteht nun darin, sich mit diesem Thema wandernd zu beschäftigen. Das Wandern soll gewissermaßen einen inneren Prozess befördern, sich allein zu orientieren, sich allein in einer fremden Gegend zurechtzufinden, sich über den zurückgelegten und den noch zu gehenden Weg klar zu sein, alles das soll einen parallelen inneren Prozess in Gang bringen: Wo bin ich? Woher komme ich? Wohin will ich? Wie komme ich dahin?

Die beim Wandern geforderte Fähigkeit, die eigene Position zu bestimmen, Ziele auszuwählen, die Übersicht zu wahren und den weiteren Kurs festzulegen, sind Aufgaben, die sich in jeder Übergangsphase im Leben stellen, also auch dann, wenn der Kurs für einen neuen Lebensabschnitt abgesteckt werden soll. Gelingt dies nicht, droht eine Krise. Sie entsteht dann, wenn die mentale Landkarte nicht mehr mit dem in Verbindung gebracht werden kann, was man um sich herum sieht, wenn Anhaltspunkte verloren gegangen sind und man den momentanen Standort nicht mehr eindeutig bestimmen kann. In diese Übergangskrise geraten Menschen häufig, wenn ein neuer Lebensabschnitt beginnt, wenn die Orientierung nicht mehr in den gewohnten Regionen von Familie und Beruf gefunden werden kann, sondern ganz neue Landkarten notwendig sind. Es gilt, sich für das Alter neu zu verorten, und vielleicht hilft die Frische der Natur den dazu erforderlichen Mut aufzubringen sowie den Respekt vor ihr, und das Maß an Demut zu finden, das uns das Älterwerden abverlangt.

6.3 Die Kunst des Alterns – Ein Bildungsseminar

Wenn Menschen heute in ein höheres Lebensalter kommen, sind sie meist noch gesund, unternehmungslustig und oft auch bildungshungrig. Sie bringen bereits eine bessere Bildung mit ins höhere Alter als vorausgegangene Generationen, und das ist die Grundlage dafür, noch mehr Bildung erwerben zu wollen. Viele der heute Älteren hatten in der Kriegs- und Nachkriegszeit nur sehr begrenzte Bildungsmöglichkeiten, was insbesondere für Frauen gilt, und das Alter bietet ihnen eine Chance, dieses lebenslang empfundene Defizit zu mildern. Untersuchungen belegen, dass dieses Bildungsbedürfnis älterer Menschen weiter ansteigen wird. Ganz oben auf der Wunschliste steht das Interesse an Gesundheitsfragen.

Nun gibt es zahlreiche Anbieter solcher Bildungsseminare, und unter anderem sind es die evangelischen Akademien, die sich bereits früh dieser Aufgabe angenommen haben. Die evangelische Akademie Hofgeismar hat im Jahr 2006 ein dreitägiges Seminar mit dem Titel »Die Kunst des Alterns« angeboten, an dem etwa 80 ältere Menschen teilnahmen. Die Vorträge reichten von Themen wie »Gesund altern: Schicksal oder Kunst« über die Schwierigkeit mit heutigen Altersbildern über Lebensführung und Lebensstile im Alter, religiöse Fragen des Alterns und die Möglichkeit, sich durch Psychotherapie noch ändern zu können. Zu diesem Thema habe ich selbst einen Vortrag gehalten.

Bildung im Alter ist nicht nur eine intellektuelle Aufgabe, zumal dann, wenn es um das Thema Alter selbst geht. Nach den Vorträgen wurden deshalb Gruppen gebildet, um das zuvor Gehörte zu vertiefen und vor einem mehr persönlichen Hintergrund zu reflektieren. Doch wie einen Anstoß geben, der einen Gruppenprozess und ein dynamisches Geschehen in Gang bringt? Ich hatte einen Bogen vorbereitet und für jeden einen Bleistift mitgebracht. Diesen Bogen sollte nun jeder am Anfang ausfüllen, sich ein paar Minuten dabei besinnen und von den Fragen inspirieren lassen. Gefragt wurde, wie alt man ist, wie alt man sich fühlt, wie alt man gern wäre und als wie alt man von anderen gesehen wird. Es ging darum, einen Raum zu öffnen für das, was hinter der nackten Zahl des kalendarischen Alters liegt, dieses gewissermaßen zu verflüssigen.

Es kam rasch eine intensive Diskussion in Gang. Ein älterer Herr von etwa 80 Jahren gab gleich zu Beginn kund, für ihn sei das Alter überhaupt kein Problem und er könne auch gar nicht verstehen, wie man daraus ein Problem machen könne. Er stehe zu seinem Alter. Warum er wohl das Seminar besuchte? Die völlige Identifikation mit dem tatsächlichen Lebensalter als etwas Positivem verschloss den Gesprächsraum, es blieb keine Toleranz für Widersprüchliches, Zwiespältiges, damit auch kein Raum für Reflexion, für Auseinandersetzung, für Entwicklung. Die anderen Teilnehmer hatten das Gefühl, als hätte er sich hinter einer Fassade verschanzt. Insbesondere die Frauen, die ohnehin die Mehrheit bildeten, meldeten Widerspruch an, ja reagierten zum Teil erbost über eine Haltung, die sie als Abwehr empfanden, die eigentlich ein Gespräch erübrigte. Sie übernahmen nun das Wort und berichteten von ihren Erfahrungen, davon, auf welcher Wegstrecke sie sich befinden und wie dieser Weg immer wieder an Verzweigungen führt, Umwege gegangen werden und Irrwege drohen. Es wurden Verlustthemen angesprochen, etwa die Tatsache, nicht mehr drei Dinge zugleich machen zu können, was früher kein Problem war. Gleichermaßen werden aber auch Gewinnthemen erwähnt, wie eine neue Gelassenheit und Maßstäbe gefunden zu haben oder sich einen neuen, langsameren Lebensrhythmus anzueignen.

Die meisten Teilnehmer nehmen sich als jünger wahr, als sie es an Jahren sind, eine Diskrepanz, die mit steigendem Alter eher zunimmt. Man mag sich nicht so ohne weiteres mit seinem eigenen Lebensalter identifizieren und sich zu ihm bekennen, weil damit zu viele negative Vorstellungen verbunden sind. Sich jünger zu fühlen hat hingegen einen hohen Wert und vermittelt das subjektive Gefühl, noch mehr Möglichkeiten zur Verfügung zu haben, als es möglicherweise das tatsächliche Lebensalter verheißt. Mehr Diskussion löste allerdings die Frage nach dem Wunschalter aus, wobei immer wieder die Zahl 40 auftauchte. Eine Erfahrung, die ich bereits in anderen Seminaren mit dieser kleinen Selbsterfahrungsübung gemacht habe, bestätigte sich, nämlich die besondere Anziehungskraft des Lebensalters, das man auch als Lebensmitte bezeichnen könnte. Es sind also nicht die Jugendjahre, nach denen sich die Älteren zurücksehnen, sondern eine Zeit, in der die erworbene Lebenserfahrung bewirkt, dass man sich souveräner fühlt als vielleicht in jungen Jahren, die von mancher Unsicherheit begleitet waren, und die man auch mit mancher peinlichen Situation in Verbindung bringt. Unerfahren zu sein ist etwas Unangenehmes, und ein Lebensalter, in dem man seinen Weg gefunden und manchen Selbstzweifel überwunden hat, wird besonders geschätzt. Andererseits handelt es sich um ein Alter, das noch genug Zeit lässt, etwas zu erreichen, neue Ziele anzugehen und in dem die negativen Seiten des Alters noch zu weit entfernt scheinen, als dass sie einen beunruhigen müssten.

Ich fühle mich dabei an ein Bild erinnert, das in zahlreichen Variationen seit dem Mittelalter zu finden ist, in dem das Leben auf einer pyramidenförmigen Treppe dargestellt wird. Der junge Mann erklimmt die erste Stufe, von Stufe zu Stufe, die in Dekaden gemessen werden, wird er erwachsener, um dann als Mann in den besten Jahren – manchmal wird auch ein Paar dargestellt – am Scheitelpunkt anzukommen. Er prüft, was war und was noch zu erwarten ist, es tritt ein Zwiespalt auf, der häufig einen Wendepunkt einleitet. Dann geht es bergab, Stufe um Stufe muss er herabsteigen, und von Mal zu Mal wirkt er gebeugter, und unten angekommen wartet das Grab auf ihn. Auch wenn diese Darstellung uns heute antiquiert erscheinen mag und sicherlich zu starr ist, scheint im Erleben der Menschen davon doch etwas erhalten geblieben zu sein. Sie scheinen die Zeit der Lebensmitte wie einen Höhe- und Umkehrpunkt zu empfinden. Die Vorstellung, auf der höchsten Stufe zu stehen, voller Stolz und in Freiheit, einen Gipfel erklommen zu haben, scheint tatsächlich im Seelenleben der Menschen eine gewisse Verankerung zu haben.

6.4 Ein etwas anderes Familientreffen –
Die Familienkonferenz

Frau P. feierte ihren 80. Geburtstag, ein zweifelsohne besonderer Tag und Anlass, sie zu feiern, zu ehren und ihr das Gefühl zu geben, fest in ihrer Familie eingebunden zu sein. Dies war besonders wichtig, weil sie allein wohnte in einem großen Haus und sich aufgrund ihrer all- mählich einsetzenden Gebrechlichkeit vom Dorfleben abgeschnitten fühlte. Umso wichtiger war gerade an diesem Ehrentag das Gefühl, nicht allein zu sein. So folgten denn alle ihrer Einladung in die Dorfgaststätte, in der alle Familienfeiern stattgefunden hatten, zu dem Ort, der mit vielen Erinnerungen verbunden war, auch an die bereits Verstorbenen. Das Fest nahm seinen vorhersehbaren Verlauf, alles war ein wenig gedämpfter als früher, und allzu lange ging es auch nicht. Einer der Söhne hielt eine kleine Rede, unsicher, ob er noch den richtigen Ton seiner Herkunft trifft. Den verhaltenen Beifall nahm er als Bestätigung, nicht ganz falsch gelegen zu haben. Im Laufe des Abends kam das ein oder andere Gespräch über Begebenheiten aus der Familiengeschichte zustande, auch wenn man diese keineswegs zum ersten Mal hörte, hörte man doch das ein oder andere Gelächter. Und wie schon beim letzten Mal verabschiedete man sich am Ende mit dem Vorsatz, sich bald wiederzusehen. Bei solchen Gelegenheiten ist sich jeder bewusst, dass das Wiedersehen wahrscheinlich bis zur nächsten Beerdigung auf sich warten lässt, wo man sich erneut mit dem gleichen Versprechen verabschiedet, dann noch mit dem Zusatz versehen, man solle sich doch nicht nur zu solch traurigen Anlässen treffen.

Das im Alter stärker werdende Bedürfnis, die Familienbande zu festigen, lässt sich aber auch anders bewerkstelligen. Die Familie von Frau J. hat hier einen ganz anderen Weg gefunden. In der Familien- geschichte war ein Ereignis zum Kristallisationspunkt geworden, das alle geprägt und wie durch ein unbewusstes Band miteinander ver- bunden hatte, auch wenn die Wege höchst unterschiedlich waren, die die Einzelnen in ihrem Leben eingeschlagen hatten. Es war der Suizid der Mutter vor fast 50 Jahren, eine Zäsur, die den weiteren Lebensweg für viele Familienmitglieder nicht unbeeinflusst ließ. Frau J. hatte es nicht nur regional gesehen weit von ihrer Familie weggetrieben. Unter dem Einfluss der Aufbruchstimmung der 1960er Jahre hatte sie ihr geordnetes Leben in der Familie, die sie selbst inzwischen gegründet hatte, aufgegeben, um sich auch innerlich auf den Weg zu machen, sich selbst zu finden. Dass sie dabei manches Hindernis zu überwinden hatte und auf manchen Umweg gezogen wurde, war nicht nur ihr selbst, sondern auch einer Zeit zuzuschreiben, die es erleichterte, traditionelle Bahnen zu verlassen. Persönliche Krisen zwangen sie früh dazu, psychotherapeutische Hilfen in Anspruch zu nehmen. Je mehr sie nun ihren eigenen Weg fand, umso mehr wuchs auch die Bereitschaft, die Verbindung zur Herkunftsfamilie, allen voran zu den beiden Schwestern und dem Bruder, wieder aufzunehmen. Das Alter mag dazu beigetragen haben, einen versöhnlicheren Umgang zu finden, und als sie schließlich von der ältesten Schwester, die eine Familienchronik pflegte, aufgefordert wurde, doch auch einen persönlichen Beitrag zu leisten, wirkte dies wie eine Wiederannäherung der Schwester, so wie häufig im Alter Geschwister wieder mehr zueinander finden und alte Zwistigkeiten zu überwinden vermögen.

Auf ihrem Weg hatten alle dazugelernt, und man blieb nicht dabei stehen, abgerissene Kontakte einfach wieder aufzunehmen und fortzuführen. Zwar verliefen die Feste, die auch diese Familie gelegentlich zusammenführten, nicht viel anders als andere Familienfeiern auch, doch aufgrund des lange zurückliegenden Suizids der Mutter, der bei allen Spuren hinterlassen hatte und der immer mal wieder gestreift wurde, fiel es schwer, ohne Weiteres zur Feierlaune zurückzufinden; die Gespräche blieben nicht folgenlos. Das mochte auch damit zu tun haben, dass den Beteiligten ein erweitertes Reflexionsvermögen, das heutige Ältere auf ihrem Weg durch die 1960er und 1970er Jahre erworben haben, zugute kam. Einige der Kinder und Enkelkinder waren in sozialen Berufen tätig oder hatten selbst eine Psychotherapie gemacht, auch dies mag dazu beigetragen haben, die Idee zu entwickeln und umzusetzen, eine Familienkonferenz abzuhalten. So traf man sich für ein ganzes Wochenende, zusammen mit einer zu diesem Zweck engagierten Familientherapeutin, um sich mit der gemeinsamen Familiengeschichte zu beschäftigen. Ausgangspunkt war die Frage, was der Suizid der Mutter bedeutet hatte, wie dieses Ereignis die Entwicklung der Einzelnen und die Beziehungen zueinander beeinflusst hatte. Es nahmen nicht alle teil, aber etwa 10 Personen hatten sich eingefunden, um sich auf dieses heikle Unterfangen einzulassen.

Eine der Schwestern von Frau J. mochte nicht ihren schon geplanten Urlaub absagen, der Bruder hatte strikt seine Teilnahme verweigert, und die andere Schwester nahm teil mit dem Vorsatz: »Ich passe darauf auf, dass der Mutter nichts passiert.« Es entwickelte sich ein intensiver Austausch, und es wurden zahlreiche Verknüpfungen hergestellt, die den Suizid in einen Zusammenhang stellten. Bald ging das Gespräch darüber hinaus und das Interesse richtete sich darauf, die Familiengeschichte zu verstehen und sich selbst darin zu verorten. Das Treffen wurde von allen als eine emotional intensive Begegnung und ein gemeinsames Erlebnis empfunden. So ging man auseinander mit dem Vorhaben, dieses Experiment zu wiederholen. Inzwischen haben drei solcher Treffen statt gefunden, und der Teilnehmerkreis wurde immer größer. Auch die bereits betagten Schwestern nahmen nun beide teil, ließen sich von den Jüngeren anregen und mitziehen. Die weiteren Treffen wurden jeweils unter ein Thema gestellt. So war eines der Themen die Frage, was es für die Familienentwicklung bedeutet hatte, als Zugezogene und Evangelische in einer sehr katholischen Gegend ein Geschäft zu betreiben. Wie hatte es die Entwicklung geprägt, wenn alles getan werden musste, die Akzeptanz der Kleinstadt zu finden, um das elterliche Geschäft zum Erfolg zu führen? Der Anpassungsdruck in einer Aufsteigerfamilie, die sich in einer fremden Umgebung durchsetzen musste, war groß gewesen und hatte die Entwicklung der Einzelnen in nicht unerheblichem Maße geprägt. Diese Familie hat eine Form des Zusammenwachsens im Alter gefunden, die sich deutlich von den ritualisierten Familienfesten unterscheidet, von denen meist nichts anderes übrig bleibt als ein Kater am nächsten Tag.

6.5 Die Welt ist Klang – Musik im Alter

Frau T., 78 Jahre alt, war seit langem unglücklich in ihrer Ehe, und auch wenn sie es schon lange mit ihrem dritten Mann ausgehalten hatte, wurde die Situation jetzt im Alter immer schwieriger. Vielleicht war sie nicht für die Ehe geschaffen, so dachte sie manchmal, jedenfalls fand sie das Zusammenleben unerträglich. Als Ausweg wollte sie mit einer Freundin gemeinsam ins betreute Wohnen ziehen. Alles war vorbereitet, doch dann erkrankte die Freundin an einer Demenz, und der ganze Plan war dahin. Sie musste eine andere Lösung finden, allein wohnen wollte sie in ihrem Alter nicht mehr, doch wie bisher weiterzumachen war auch unvorstellbar. Sie musste eine Zwischenlösung finden, und da bot sich an, im Haus eine größere Abtrennung herzustellen. So richtete sie in der ersten Etage zwei Räume ganz für sich ein, und endlich konnte sie sich nun auch einen lange gehegten Traum verwirklichen: Sie kaufte sich eine sündhaft teure Hi-Fi-Anlage, um die neuen Räume mit Musik zu füllen und dadurch zu einem sinnerfüllten Leben zu finden. Ob ihr dies gelungen ist, ist nicht bekannt, aber sie hatte beste Voraussetzungen geschaffen, die Musik, die ihr immer so wichtig gewesen war, jetzt ganz ins Zentrum ihres Lebens zu rücken. Robert Jourdain (1998) schreibt in seinem Buch »Das wohltemperierte Gehirn«: »Für kurze Augenblicke lässt uns Musik über unsere wirkliche Größe hinauswachsen [...] In dem Maße, wie unsere Gehirne ›hochschalten‹, fühlen wir, wie sich unser Dasein erweitert, und wir erkennen, dass wir mehr zu sein vermögen, als wir normalerweise sind, und dass die Welt mehr ist, als sie zu sein scheint. Das ist Grund genug für Ekstase« (S. 399).

Ekstase, das scheint dann doch unpassend für das Alter, oder? Doch das griechische Wort meint Verzückung, Aus-sich-Heraustreten, in einen Zustand geraten, der einen über sich selbst hinaushebt. Wer erlebt das nicht hin und wieder, wenn er bereit ist, sich von der Kraft einer Symphonie Beethovens ergreifen zu lassen, wenn er sich der makellosen Schönheit einer Opernarie zu überlassen vermag oder wenn er den Klängen Keith Jarretts lauscht, wie dieser nach einer längeren Improvisation allmählich zu seinem Thema zurückfindet und das, was soeben noch wild und ungeordnet klang, immer mehr von einer melancholischen Melodie abgelöst wird, die ganz andere Gefühlsqualitäten anspricht, und gerade dieser Wechsel den Erlebnisraum erweitert. Warum sollte sich ein älterer Mensch nicht in dieser Weise verzücken lassen?

Das moderne Altersbild fordert auch vom älteren Menschen unentwegtes Beschäftigtsein, körperliche Bewegung und soziale Aktivitäten. Doch wird damit wirklich das Alter hinreichend verstanden, ist allein darin ein erstrebenswertes Ziel zu sehen? Hat das Alter nicht mehr zu bieten, etwas, das einen anderen Zugang zum Leben eröffnet als der, den die meisten schon über viele Jahre gegangen sind? Gewiss, die Verbindung zum bisherigen Leben sollte erhalten bleiben und

Kontinuität stellt eines der wichtigsten Ziele im Alter dar, doch andererseits ist nicht darüber hinwegzugehen, dass sich das Leben im Alter nicht nur zunehmend in die eigene Wohnung, sondern auch nach innen verlagert. Es gilt also nicht nur, das nach außen gerichtete Leben aktiv zu gestalten, sondern auch das Leben zu Hause, allein, in der eigenen Wohnung. Doch wie kann dies geschehen, ohne nur immer wieder aufs Neue vor dem Fernseher zu landen und ohne dass die Einsamkeit einzieht? Frau T. hatte dem vorgebeugt und die Musik als ein Mittel gewählt, das Stück eigenes Leben, das sie sich genommen hatte, zu füllen. Dem Musikgenuss tut es keinen Abbruch, dass die Hörfähigkeit im Alter eingeschränkter ist, wie viele Beispiele betagter Dirigenten belegen. Musik schafft eine innere Aktivität, die sich auch neurophysiologisch nachweisen lässt, bei kaum einer anderen Tätigkeit sind so viele Hirnregionen beteiligt wie beim aktiven Musikhören, vom Selbst-Musikmachen ganz zu schweigen. Kognitive Aktivierung ist im Hinblick auf den Altersabbau von kaum zu unterschätzender Bedeutung. Doch damit ist nichts darüber ausgesagt, was Musik im Menschen auslöst, denn Musik ist vor allem die Sprache der Gefühle, sie inszeniert, so Jourdain, das Erleben in unserem Innern neu. Sie kann Gefühle zum Ausdruck bringen, sie verstärken oder sie mit Sinn füllen, was besonders für negative Gefühle gilt, die dadurch tragbarer werden. Damit aber erreicht Musik eine Dimension, die keinem oder doch kaum einem Altersabbau unterliegt, »denn Gefühle altern nicht«, so sagte einmal eine Patientin, die sich entschlossen dem negativen Alterserleben entgegenstellte. Tatsächlich ist inzwischen erwiesen, dass in den Gehirnbereichen, die für die Gefühlssteuerung zuständig sind, nämlich Limbisches System und Hypothalamus. ein sehr viel geringer Altersabbau stattfindet als in der Großhirnrinde, die für unser Denken verantwortlich ist.

Sich am Nachmittag oder Abend zurückzuziehen, um bewusst Musik zu hören, dass kann ein Weg sein, die kleine begrenzte Welt der eigenen Wohnung mit Leben zu füllen, sie gewissermaßen zu weiten. Die Gefühlswelt gerät in Schwingung, sie durch Musik zu wecken, sie gespiegelt zu finden, um sie dann wieder in sich wahrzunehmen, ist Quelle eines intensiven Lebensgefühls im Alter, die kaum durch eine andere zu ersetzen ist. »Die Welt ist Klang«, so schrieb der Jazzkritiker Joachim-Ernst Berendt (1983), und er hebt das Ohr als das Sinnesorgan hervor, das weiblich, empfangend, helfend, intuitiv ins Innere führt. Das Auge analysiere die wahrgenommenen Gegenstände und bleibe deshalb oberflächlich, das Ohr nehme das Ganze als eins wahr und führe in die Tiefe. In der Musiktherapie wird genau diese Fähigkeit des Hörens genutzt, mit dem eigenen Gefühlsleben in Kontakt zu kommen, und selbst in der Arbeit mit Demenzkranken kann auf dieser Ebene noch Kontakt aufgenommen werden, wenn andere Möglichkeiten längst nicht mehr zur Verfügung stehen. Der Klang vermag Räume zu öffnen, die ansonsten verschlossen sind, und die im Alter das Selbst transzendieren können, so wie von Jourdain beschrieben. Eine solche Fähigkeit zur Transzendenz erleichtert das Altern, weil neben den Blick auf die Endlichkeit der eigenen Existenz das Gefühl tritt, in einem größeren Ganzen aufgehoben und mit etwas verbunden zu sein, das über das eigene Selbst und die eigene Existenz hinausreicht. Darin liegt nicht nur eine Voraussetzung, die Grenzerfahrung, die das Alter beinhaltet, ertragen, sondern auch daran wachsen zu können.

6.6 Die Macht der inneren Bilder – Psychotherapie und Psychosomatik

Innere Bilder stellen einen Teil unseres Seelenlebens dar, der keinem Altersabbau unterliegt, deshalb stellt die Beschäftigung mit ihnen für die Alterspsychotherapie einen so wertvollen Zugang und eine so unverzichtbare Quelle dar. Warum aber haben innere Bilder eine so hohe Bedeutung? Der Neurobiologe Gerald Hüther (2004) hat ein Buch mit dem Titel »Die Macht der inneren Bilder« geschrieben, in dem er darlegt, wie sich im Laufe der Evolution innere, phylogenetisch geformte Bilder entwickelt haben, die sich in unserer individuellen Entwicklung unablässig durch Erfahrungen anreichern und eine große Kraft und Wirkung entfalten. Wenn man sich einen Moment darauf einlässt, gewinnt man eine Ahnung davon, wie die Bilder, die wir uns von etwas machen, unser Verhalten beeinflussen, und wie die Zukunftsbilder, die wir entwerfen, unser Streben formen.
Psychoanalytiker haben bereits früh die Bedeutung solcher Bilder erkannt und sie als Phantasien bezeichnet, womit innere Szenarien oder Drehbücher gemeint sind. Sie sind vom Denken zu unter-

scheiden, das man als den bewussten Teil unseres Phantasielebens bezeichnen könnte. Phantasien bilden sich unentwegt und unwillkürlich in uns, und meist nehmen wir sie kaum oder nur am Rande zur Kenntnis. Bei genauer Beobachtung können wir uns dessen gewahr werden, etwa wenn wir uns dem überlassen, was in uns aufsteigt, und es einfach einmal »laufen lassen«. Wir merken, wie wir in irgendwelche Bilder hineingezogen werden, die manchmal etwas Überraschendes haben; besonders intensiv kann dieses Erleben kurz vor dem Einschlafen sein, wo die Bilder schon einen traumähnlichen Charakter annehmen können. In einer psychoanalytischen Behandlung wird diese Fähigkeit genutzt, wenn der Patient auf der Couch liegt und nun aufgefordert wird, in dieser entspannten Situation seine Phantasien genau zu beobachten und zu beschreiben. Die Bilderwelt, die dabei aufsteigt, ist mindestens so reichhaltig wie die, die man sieht, wenn man im Zug einen Fensterplatz ergattert hat. Erst jetzt kann die ganze Fülle und Tiefe des menschlichen Seelenlebens sichtbar werden. Genau darin liegt die Stärke der Psychoanalyse, mit dieser Methode, die Freud als freie Assoziation bezeichnet hatte, einen Zugang zum Seelenleben zu finden, der ansonsten kaum möglich ist. Diese Phantasien sind nun unterschiedlich emotional aufgeladen, und in der Therapie geht es darum, jene zu entschlüsseln, die dem Patienten innere Freiheit nehmen, die ihn blockieren und ihn an seiner Entwicklung hemmen. Das Auffinden dieser behindernden Phantasien nimmt ihnen die Wirkung und bietet einen Ansatzpunkt zu ihrer Veränderung, darin liegt die heilende Wirkung der Psychoanalyse.

Dieses Verfahren ist nicht für alle Menschen geeignet, aber man kann es eben auch in abgewandelter Form nutzen, wie es in jeder psychotherapeutischen Behandlung erfolgt. Dennoch besteht weiterhin eine große Skepsis älterer Menschen gegenüber Psychotherapie, und auch in Fachkreisen wurden lange Zeit große Vorbehalte geäußert. So wurden nur sehr wenige ältere Menschen psychotherapeutisch behandelt, und Gereon Heuft (Heuft et al., 2006), der Begründer der Gerontopsychosomatik, sprach deswegen von einer Indikationszensur. Erst allmählich ändert sich diese unbefriedigende Situation und mehr Ältere nutzen die Möglichkeit, ihr Leben mit Hilfe einer Psychotherapie wieder in eine Balance zu bringen (Peters, 2008). Wie fruchtbar eine solche Behandlung sein kann, hat Hartmut Radebold, der als Begründer und Wegbereiter der Psychotherapie

Älterer in Deutschland bezeichnet werden kann, in einem außergewöhnlichen Buch dargelegt, dass er zusammen mit einer Patientin verfasst hat, mit der er über mehrere Jahre eine psychoanalytische Behandlung durchgeführt hat (Radebold u. Schweizer, 2001). Beide hatten unabhängig voneinander Aufzeichnungen von den Sitzungen angefertigt, die sie später zu einer Dokumentation zusammengefügt haben und die einen einzigartigen Einblick in eine psychoanalytische Behandlung mit einer älteren Patientin verschafft.

Eine besondere Bedeutung fällt hierbei den Psychosomatischen Kliniken wie beispielsweise der Klinik am Hainberg in Bad Hersfeld zu, die sich auf die Behandlung älterer Menschen spezialisiert hat (Peters et al., 2006). Eine solche Klinik bietet gleich mehrere Chancen. Sie erleichtert den Einstieg in ein bisher unbekanntes Behandlungsverfahren, das Zusammenleben mit anderen Betroffenen verbessert die Heilungschancen und unterstützt die Wirkungen der Psychotherapie ebenso wie die zahlreichen weiteren Anwendungen in der Sport- und Physiotherapie. In dieses Konzept haben wir ein gruppentherapeutisches Angebot integriert, in dem wir besonders mit inneren Bildern arbeiten. Wir nutzen hier die Möglichkeit, in begrenzten Bezirken mehr bewusstes Erleben zu ermöglichen und eine veränderte innere Ausrichtung zu schaffen. Dies geschieht dadurch, dass Bilder vorgegeben und die Teilnehmer gezielt auf eine innere Reise geschickt werden. Hierfür hat sich der Begriff der Phantasiereise etabliert, und eine solche Methode wird heute in vielen Bereichen angewendet, in denen es darum geht, Problembereiche bewusster zu erleben, sie zu ergründen und innere Ressourcen zu wecken. In jeder Gruppensitzung geht es um ein Thema, das mit einer kleinen Bewegungsübung eingeleitet wird, die dazu dienen soll, eine entspannte Atmosphäre zu schaffen. Es soll ein Gruppenklima entstehen, das es erleichtert, auf eine innere Reise zu gehen. Danach übernimmt es die Gruppenleiterin, in das Thema einzuführen, dann geht es nach einigen Entspannungshinweisen auf die geleitete Phantasiereise.

Eine der Übungen ist die des inneren sicheren Ortes. Bei geschlossenen Augen geht es darum, die Gedanken schweifen zu lassen, um einen Ort zu finden, an dem sich der Betreffende ganz sicher fühlt. Ist ein solcher Ort gefunden, dann soll er gesichert werden, damit niemand so ohne weiteres Zutritt hat. Mit allen Sinnen soll geprüft werden, ob man sich wohl fühlt, der Ort soll genau beschrieben werden, er sollte so verändert werden, dass wirklich ein angenehmes Gefühl mit ihm verbunden ist. Dann soll die mit dem Ort verbundene Wahrnehmung genau beschrieben werden – was sieht, was riecht, was hört man, wie ist die Temperatur? Wenn alles stimmt, wird die Übung allmählich beendet und die Entspannung zurückgenommen. Es soll ein innerer Ort gefunden werden, der jederzeit zur Verfügung steht und herbeigerufen werden kann, um ein Gefühl von Sicherheit herzustellen, wenn dies erforderlich ist. Nach Beendigung der Reise werden die Erfahrungen in einem gemeinsamen Gespräch ausgetauscht. Manchmal wird noch eine Zwischenstufe eingebaut, in dem die Teilnehmer aufgefordert werden, ihren sicheren Ort zu malen. Dies kann eine zusätzliche Hilfe sein, den sicheren Ort auch innerlich noch besser zu verankern.

Den meisten Menschen steht ein solcher innerer Ort ohnehin zur Verfügung, ohne dass ihnen dies immer bewusst ist, und jemand, der in schwierigen Zeiten bald zu einer optimistischen Grundhaltung zurückkehren kann, tut dies, indem er aus den positiven inneren Bildern Zuversicht schöpft, er bedient sich ihrer ganz unwillkürlich. Besonders die Übung des sicheren Ortes, die auch in zahlreichen Variationen durchgeführt werden kann, fördert diese Fähigkeit, die im Hinblick auf die Unwägbarkeiten des Alters eine wichtige Ressource darstellt. Wenn es gelungen ist, dadurch ein sichereres Gefühl zu schaffen, zu dem man immer wieder zurückkehren kann, können auch schwierigere Themen auf den Phantasiereisen angegangen werden, und der Betreffende lernt, sich seinen Problemen zu stellen, ohne sich von seiner Angst abschrecken zu lassen.

6.7 Gestaltungsräume am Ende des Lebens – Supervision in der geriatrischen Klinik

Schon das Wort geriatrische Klinik vermag einen Schrecken auszulösen, und tatsächlich sind dies Kliniken, in denen unabweisbar Menschen behandelt werden, die sich auf der letzten Wegstrecke ihres Lebens befinden. Es handelt sich um spezielle internistische Abteilungen oder Kliniken zur Behandlung älterer Menschen mit gravierenden körperlichen Erkrankungen. Auch wenn es unzweifelhaft in diesen Kliniken um die negativen Seiten des Alterns geht, so sagt das noch wenig über Ausrichtung und Zielsetzung der Behandlung aus. Geriatrische Kliniken können eine wichtige Aufgabe im Prozess der Aneignung des Alters übernehmen, und zwar zu einem Zeitpunkt, an dem es nicht mehr um das junge, noch aktive Alter geht, sondern um den Übergang zum gebrechlichen Alter. Wie lässt sich dies begründen?

Geriatrische Kliniken unterscheiden sich in mancherlei Hinsicht von anderen internistischen Abteilungen (Vogel, 1999), die voller medizinischer Geräte sind und wo die apparative Medizin dominiert. Ganz anders in der Geriatrie. Bei akuter internistischer Behandlung kommt der Patient eher auf eine normale internistische Station, auf die geriatrische Station kommt er, wenn er nicht im lebensbedrohlichen Zustand ist. Hier rückt denn auch eine ganz andere Zielsetzung in den Vordergrund, nämlich so viel Selbstständigkeit wie möglich wiederherzustellen oder zu erhalten. Dies wird ganz augenfällig, schaut man auf die Zusammensetzung des Behandlungsteams: Neben Ärzten und Schwestern bzw. Pflegern trifft man Krankengymnasten, Ergotherapeuten, Sozialarbeiter und Psychologen. Schon diese Zusammensetzung, die so vorgeschrieben ist, zeigt, dass der Patient hier nicht auf seine körperliche Erkrankung reduziert wird, sondern dass es um den ganzen Menschen geht. Diese Auffassung kommt auch darin zum Ausdruck, dass im Bürgerhospital in Friedberg eine Supervision dazu diente, die psychosoziale Zielsetzung zu reflektieren, nach Möglichkeiten zu suchen, Patienten zu motivieren und sie zur aktiven Mitarbeit zu bewegen.

In einer Supervisionsstunde wurde der 91-jährige Herr D. vorgestellt, der noch bis vor kurzem Auto gefahren war und den Garten selbst versorgt hatte. Nun lag er nach einer Hodenkrebsoperation auf der geriatrischen Station. Er konnte nur sehr eingeschränkt gehen, was allerdings vom Personal sehr unterschiedlich eingeschätzt wurde. Kognitiv wies er deutliche Defizite auf, auch schien er sich in einem Verwirrtheitszustand zu befinden, aber vielleicht wurde dies auch nur vom Personal so wahrgenommen, weil sie sich selbst verwirrt fühlten. Die Hörfähigkeit war ebenso beeinträchtigt wie die Sehfähigkeit; selbst mit Lupe fiel es ihm schwer, etwas zu lesen. Die Beziehung zu seiner Ehefrau schien sehr angespannt zu sein, der Sohn wirkte eher unbeteiligt. Das Personal fühlte sich mit dem Patienten überfordert, er wirkte unwillig, wies die Krankengymnastin ab, die ein Gehtraining mit ihm durchführen wollte, und wirkte auch auf andere unzugänglich. In seiner zurückgezogenen Welt – er lehnte auch ein Radio ab, wollte seine Ruhe und verbrachte die meiste Zeit des Tages allein im Bett liegend – war er kaum erreichbar, was beim Personal eine große Hilflosigkeit, aber auch Ärger erzeugte. Er wollte in seiner einsamen Welt verbleiben, die wie eine Vorstufe zum Tod wirkte. Ein Gefühl der Verzweiflung, das der Philosoph Decher (2002), sich auf Kierkegaard beziehend, von innen beleuchtet hat, schließt den Betreffenden völlig von der Welt ab, so dass niemand mehr so recht einen Zugang findet. Solche Versuche werden eher unwirsch und ungehalten zurückgewiesen, doch bei einer Krankenschwester schien es etwas anders zu sein. Zwar entwertete er auch ihr gegenüber seine frühere Tätigkeit als Lehrer, und er beharrte darauf, dass sein Leben jeglichen Sinn verloren habe, doch allein die Tatsache, dass er sich hier und da auf ein Gespräch mit ihr einließ, sollte sorgfältig registriert werden.

Berufsgruppen wie Krankengymnasten und Ergotherapeuten haben den Auftrag, die Patienten zu aktivieren, doch in diesem Bemühen scheitern sie oft, und auch in diesem Fall wurde ihre Enttäuschung deutlich, da ihre gut gemeinten Angebote von Herrn D. immer wieder abgelehnt wurden. Die Mitarbeiter zu ermutigen, in diesem Fall weder mit Verärgerung noch mit Resignation zu reagieren, ist eine wesentliche Aufgabe der Supervision, und dabei wird immer wieder deutlich, wie schwierig es für jüngere Behandler ist, sich in die verzweifelte, abgeschlossene Welt eines solchen älteren Menschen hineinzuversetzen. Sie fühlen sich rasch unzulänglich und überfordert, warum eine Unterstützung durch eine Supervision eigentlich unverzichtbar ist, aber dennoch selten durchgeführt wird. Eine solche Unterstützung kann dazu anregen, eine Vorstellung davon zu entwickeln, was in einem Menschen in einer derartigen Situation vorgehen mag, welche Gefühle von Scham und Verzweiflung auf ihm lasten und wie schwierig es für ihn ist, für sich einen Rest Lebenshoffnung wiederzufinden. Ein Verständnis von der inneren Welt des alten Menschen zu erlangen, ist aber Voraussetzung dafür, sein zurückweisendes Verhalten zunächst einmal zu respektieren und sich damit zu begnügen, ihn in seinem Zustand ein Stück zu begleiten. Dann kann es auch möglich werden, ohne Neid zu akzeptieren, dass eine Kollegin einen Zugang zu ihm fand, weil er mit ihr vielleicht ein hilfreiches inneres Bild aus seiner Vergangenheit verknüpfen konnte.

Diese Schwester wurde aufgefordert, sich etwas mehr Zeit für den Patienten zu nehmen, ihn nicht zu Aktivitäten zu drängen, sondern mit ihm ein Gespräch anzuknüpfen und darüber eine neue Verbindung zum Leben herzustellen. Dies schien auch zu gelingen, und allmählich fanden auch die anderen mit ihren aktivierenden Angeboten wieder mehr Akzeptanz bei ihm. Die Sozialarbeiterin machte sich nun daran, ein häusliches Pflegearrangement zu entwerfen, und ein Stückchen Hoffnung war mit seiner Liebe zu seinem Garten verbunden. Das beginnende Frühjahr gab Zuversicht, dass er etwas von dem aufkeimenden Leben in sich aufnehmen und noch ein kleines Stück Lebensqualität damit verbinden konnte.

Eine geriatrische Klinik ist kein Ort zum Sterben, hier geht es darum, den letzten Lebensabschnitt vorzubereiten. Diesen gehen zu können, setzt allerdings eine Auseinandersetzung mit Tod und Sterben voraus. Mutlosigkeit und Verzweiflung zu überwinden erfordert, die eigene Sterblichkeit und den Tod zu akzeptieren, nur dann kann diese letzte Wegstrecke in Würde und weitestmöglicher Selbstständigkeit begangen werden. Dass dies möglich ist, fand schon in einer älteren Untersuchung der holländische Psychologe Munnichs (1972) heraus. Er fasste seine damaligen Ergebnisse so zusammen: »Die älteren Menschen, die eine akzeptierende Haltung dem Tod gegenüber an den Tag legen und mit Gedanken an ihre Endlichkeit vertraut sind, zeigen eine höhere Lebenszufriedenheit. Sie können in ihrem Leben einen Sinn erblicken und eine gewisse Dankbarkeit zum Ausdruck bringen, jetzt noch leben zu können. Sie zeigten eine innere Ruhe, ihr Leben war reich an Sozialkontakten gewesen und sie waren in der Lage, sich mit allerlei zu beschäftigen. Ihr lebendiger Kontakt mit der Realität, der ihnen ein hohes Maß an Befriedigung verschaffte, weist auf einen ausgeprägten Realitätssinn hin. Diejenigen hingegen, die ihr Leben als unerfüllt erlebten und die es nicht als sinnvoll erfahren hatten, konnten auch ihre Endlichkeit nicht akzeptieren. Bei ihnen schien die Illusion einer Hoffnung auf das Unmögliche fortzubestehen, sie können sich selbst nicht loslassen, sie bleiben ichverhaftet« (S. 593).

Literatur

Améry, J. (1968). Über das Altern. Revolte und Resignation. Stuttgart: Klett-Cotta.

Améry, J. (1980). Wie viel Heimat braucht der Mensch. In ders., Jenseits von Schuld und Sühne. Bewältigungsversuche eines Überwältigten. Stuttgart: Klett-Cotta.

Aner, K., Karl, F., Rosenmayr, L. (2007) (Hrsg.). Die neuen Alten – Retter des Sozialen? Wiesbaden: VAS.

Ariès, P. (1980). Geschichte des Todes. München: dtv.

Baltes, M. M. (1977). On the relationship between significant yearly events and time of death. Omega, Journal of Death and Dying, 8, 165–172.

Baltes, P. B. (1996). Über die Zukunft des Alterns: Hoffnung mit Trauerflor. In P. B. Baltes, L. Montada (Hrsg.), Produktives Leben im Alter (S. 29–69). Frankfurt a. M.: Campus.

Beauvoir, S. de (1949). Alle Menschen sind sterblich. Stuttgart: Rowohlt.

Benecke, M. (2002). Der Traum vom ewigen Leben. Die Biologie beantwortet die Rätsel des Alterns. Leipzig: Reclam.

Berben, I. (2001). Älter werde ich später: Das Geheimnis, schön und sinnlich, fit und entspannt zu sein. München: Mosaik.

Berendt, J.-E. (1983). Nada Brahma. Die Welt ist Klang. Reinbek: Rowohlt.

Bjelakovic, G., Nikolova, D., Gluud, L. L., Simonetti, R. G. Gluud, C. (2007). Mortality in randomized trials of antioxidant supplements for primary and secondary prevention. The Journal of the American Medical Association, 297, 842–857.

Bobbio, N. (1997). Vom Alter – De senectute. Berlin: Wagenbach.

Bourdieu, P. (2000). Zur Soziologie der symbolischen Formen. Frankfurt a. M.: Suhrkamp.

Brandstätter, J., Rothermund, K. (1998). Bewältigungspotentiale im höheren Alter. Adaptive und protektive Prozesse. In A. Kruse (Hrsg.), Psychosoziale Gerontologie. Bd. 1 (S. 223–238). Göttingen: Hogrefe.

Brecht, B. (1972). Die unwürdige Greisin. In ders., Das Bertolt-Brecht-Buch. Gütersloh: Bertelsmann.

Brosig, B., Gieler, U. (2000). Das Dorian-Gray-Syndrom. Haarwuchsmittel und andere Jungbrunnen. Hessisches Ärzteblatt, 11, 470–472.

Bruns, P., Bruns, W., Böhme, R. (2007). Die Altersrevolution. Berlin: Aufbau.

Bucher, T. (2005). Sexualität nach der Lebensmitte: Wünsche, Wirklichkeiten und Wege. Psychotherapie im Alter, 3, 79–95.

Butler, R. N., Lewis, M. I. (1996). Alte Liebe rostet nicht. Bern u. a.: Huber.

Carr, A. (1998). Endlich Nichtraucher! München: Goldmann.

Chamberlain, S. (1997). Adolf Hitler, die deutsche Mutter und ihr erstes Kind. Gießen: Psychosozial-Verlag.

Danner, D., Snowdon, D. A., Friesen, W. V. (2001). Positive emotions in early life and longevity: Findings from the nun study. Journal of Personality and Social Psychology, 80(5), 804–813.

Decher, F. (2002). Verzweiflung. Anatomie eines Affekts. Lüneburg: zu Klampen.

Doll, R., Peto, R., Borcham, I., Sutherland, J. (2004). Mortality in relation to smoking: 50 years observation on male British doctors. BMI, 328, 1519–1528.

Draaisma, D. (2004). Warum das Leben schneller vergeht, wenn man älter wird. Berlin: Eichborn.

Erikson, E. H. (1973). Identität und Lebenszyklus. Frankfurt a. M.: Suhrkamp.

Fischer, J. (1999). Mein langer Lauf zu mir selbst. Köln: Kiepenheuer & Witsch.

Fooken, I. (2002). Wege in die »Lieblosigkeit« – Lebensverlaufsmuster und seelische Gesundheit bei Männern und Frauen im Kontext von Scheidungen/ Trennungen nach langjähriger Ehe. In M. Peters, J. Kipp (Hrsg.), Zwischen Abschied und Neubeginn. Entwicklungskrisen im Alter (S. 157–173). Gießen: Psychosozial-Verlag.

FOCUS (2007). Was heißt hier alt? Daten, Fakten, Psychologie, Nr. 51.

Forberger, T., Sommer, U. (2006). Die Anti-Aging(R)Evolution. Das Handbuch zum Aufhalten und Umkehren des Alterungsprozesses. Güllesheim: Caducee-Edition.

Freud, S. (1916). Trauer und Melancholie. Studienausgabe,, G. W. Bd. II (S. 193–213). Frankfurt a. M.: S. Fischer.

Friedan, B. (1995). Mythos Alter. Reinbek: Rohwolt.

Fries, J. F. (1989). Erfolgreiches Altern: Medizinische und demografische Perspektiven. Zeitschrift für Gerontopsychologie und -psychiatrie, 1–3, 19–27.

Fromm, E. (1975). Die Kunst des Liebens. Frankfurt a. M.: Ullstein (Erstausgabe 1956).

Geissler, K. H. (1998). Ach, du liebe Zeit! Der Wandel der Zeiterfahrung und des Zeiterlebens in unserer Gesellschaft. In H. Egner (Hrsg.), Zeit haben (S. 19–43). Zürich: Walter.

Gola, U. (2005). Adipositas und Mortalität. In G. Jacobi, H. K. Biesalski, U. Gola, J. Huber, F. Sommer (Hrsg.), Kursbuch Anti-Aging (S. 65–73). Stuttgart: Thieme.

Grober, U. (2006). Vom Wandern. Neue Wege zu einer alten Kunst. Frankfurt a. M.: Zweitausendeins.

Habermas, T. (2005). Autobiografisches Erinnern. In S.-H. Filipp, U. M. Staudinger (Hrsg.) Entwicklungspsychologie des mittleren und höheren Erwachsenenalters. Enzyklopädie der Psychologie, Bd. 6Göttingen: Hogrefe.

Harth, W., Wendler, M., Linse, R. (2003).»Lifestyle-Medikamente«: Definitionen und Kontradefinitionen bei körperdysmorphen Störungen. Psychosozial, 26, IV, 37–43.

Heidegger, M. (1927). Sein und Zeit (17. Auflage). Tübingen, 1993.

Heufelder, A. E. (2005). Hormonstoffwechsel des Mannes – Präventive und therapeutische Konzepte. In G. Jacobi, H. K. Biesalski, U. Gola, J. Huber, F. Sommer (Hrsg.), Kursbuch Anti-Aging (S. 170–186). Stuttgart: Thieme.

Heuft, G., Kruse, A., Radebold, H. (2006). Lehrbuch der Gerontopsychosomatik und Alterspsychotherapie (2. Auflage). Heidelberg: UTB.

Hilgers, M. (2007). Mensch Ödipus. Konflikte in Familie und Gesellschaft. Göttingen: Vandenhoeck & Ruprecht.

Hillman, J. (2004). Vom Sinn des langen Lebens. München: dtv.

Hoff, A. (2006): Intergenerationelle Familienbeziehungen im Wandel. In C. Tesch-Römer, H. Engstler, S. Wurm (Hrsg.), Altwerden in Deutschland. Sozialer Wandel und individuelle Entwicklung in der zweiten Lebenshälfte (S. 231–287). Wiesbaden: VS-Verlag.

Hüther, G. (2004). Die Macht der inneren Bilder. Göttingen: Vandenhoeck & Ruprecht.

Imhof, A. E. (1981). Die gewonnenen Jahre. Von der Zunahme unserer Lebensspanne seit dreihundert Jahren. München: Beck.

Jacobi, G. (2005). Anti-Aging: Sinnbild, Sehnsucht, Wirklichkeit. In G. Jacobi, H. K. Biesalski, U. Gola, J. Huber, F. Sommer (Hrsg.), Kursbuch Anti-Aging (S. 2–14). Stuttgart: Thieme.

Jaeggi, R. (2005). Entfremdung. Zur Aktualität eines sozialphilosophischen Problems. Frankfurt a. M.: Campus.

Jockenhövel, F., Lerchl, A., Allolio, B. (2001). Hormone gegen das Altern – Möglichkeiten und Grenzen. Deutsches Ärzteblatt, 98, 31–32, 1639–1643.

Jourdain, R. (1998). Das wohltemperierte Gehirn. Heidelberg: Spektrum Akademischer Verlag.

Jung, C. G. (1930). Die Lebenswende. G. W. Bd. VIII. Olten: Walter.

Kahn, M. (1986). Das Brachliegen. In: Zwischenschritte. Beiträge zu einer Morphologischen Psychologie (S. 31–36). 5. Jahrgang, 2, Köln.

Kierkegaard, S. (1843/1955). Die Wiederholung. In Gesammelte Werke, 5 und 6, Düsseldorf/Köln.

Klentze, M. (2001). Für immer jung durch Anti-Aging. Bergisch-Gladbach: Ehrenwirth.

Kohli, M., Künemund, H. (Hrsg.). (2000). Die zweite Lebenshälfte. Gesell-schaftliche Lage und Partizipation im Spiegel des Alters-Survey. Opladen: Leske + Budrich.

Kolenda, K.-D. (2006). Rauchen oder Gesundheit. Aktuelle Daten über die Tabakepidemie. Hessisches Ärzteblatt, 6, 393–398.

Kruse, A. (2002). Gesund altern. Stand der Prävention und Entwicklung er-gänzender Präventionsstrategien. Schriftenreihe des Bundesministeriums für Gesundheit, Bd. 146. Baden-Baden: Patmos.

Kundera, M. (1994). Die Unsterblichkeit. Frankfurt a. M.: Fischer.

Lee, G. R., Ishii-Kuntz, M. (1987). Social interaction, loneliness, and emotional well-being among the elderly. Research on Aging, 9(4), 459–482.

Lehr, U. (2000). Psychologie des Alterns (9. Auflage). Heidelberg: UTB.

Levey, B. R., Slade, M. D., Kunkel, S. R., Kasl, S. V. (2002). Longevity increased by positive self-perceptions of aging. Journal of Personality and Social Psy-chology, 83, 2, 261–270.

Levinas, E. (1987). Totalität und Unendlichkeit. Freiburg: Karl Alber.

Lifton, R. J. (1986). Der Verlust des Todes. München: Hanser.

Luft, H. (2003). Psychoanalyse in reifen Jahren. Fakten und Thesen. Psyche – Z. Psychoanal., 57, 585–612.

Lütz, M. (2002). LebensLust. Wider die Diät-Sadisten, den Gesundheitswahn und den Fitness-Kult. München: Pattloch.

Luy, M. (2006). Leben Frauen länger oder sterben Männer früher? Public Health Forum, 14, 18–20.

Marlovits, A. M. (2004). Dem Geheimnis des Laufens auf der Spur (2. Auflage). Regensburg: Lauf- und Ausdauersportverlag.

Maurer, B., Seitz, H. K. (2005). Alkoholschäden – Prävention. In G. Jacobi, H. K. Biesalski, U. Gola, J. Huber, F. Sommer (Hrsg.), Kursbuch Anti-Aging (S. 253–261). Stuttgart: Thieme.

McDougall, J. (1988). Theater der Seele. München: Verlag Internationale Psy-choanalyse.

Medina, J. J. (1998). Die Uhr des Lebens. Wie und warum wir älter werden. Basel: Birkhäuser.

Metka, M., Haromy, T. (2001). Der neue Mann. Das revolutionäre Anit-Aging-Programm. München: Piper.

Müller, K. E. (2003). Nektar und Ambrosia. Kleine Ethnologie des Essens und Trinkens. München: C. H. Beck.

Munnichs, J. (1972). Die Einstellung zur Endlichkeit und zum Tod. In H. Thomae, U. Lehr (Hrsg.), Altern – Probleme und Tatsachen (S. 579–612). Frankfurt a. M.: Akademische Verlagsanstalt.

Nadolny, S. (1983). Die Entdeckung der Langsamkeit. München: Piper.

Nietzsche, F. (1878/1980). Menschliches, Allzumenschliches. In F. Nietzsche, Sämtliche Werke. Studienausgabe in 15 Bänden. München.

Olbrich, I. (1998). Zeit vergeht – Zeit kommt immer wieder. In H. Egner (Hrsg.), Zeit haben. Konzentration in der Beschleunigung (S. 43–69). Zürich: Walter.

Olshansky, S. J., Carnes, B. A. (2002). Ewig jung? Altersforschung und das Versprechen vom langen Leben. München: Econ.

Opaschowski, H. W. (1998). Leben zwischen Muß und Muße. Die ältere Generation: Gestern. Heute. Morgen. Frankfurt a. M.: DIT.

Perrig-Chiello, P. (1997). Wohlbefinden im Alter. München: Juventa.

Peters, C. L., Hooker, K., Zvonkovic, A. M. (2006). Older parents perception of ambivalence in relationships with their children. Family Relations, 55, 5, 539–551.

Peters, M. (1999). Ichidealkonflikte im dritten Lebensalter: Überlegungen zur Entwicklung älterer Frauen. Zeitschr. f. Psychosomat. Medizin, 45, 233–245.

Peters, M. (2004). Klinische Entwicklungspsychologie des Alters. Göttingen: Vandenhoeck & Ruprecht.

Peters, M. (2006). Psychosoziale Beratung und Psychotherapie im Alter. Göttingen: Vandenhoeck & Ruprecht.

Peters, M. (2008). Psychotherapie im Alter – Zwei Fremde nähern sich an. Ein klinisches Feld gewinnt Konturen. Psychotherapie im Dialog, 1, 9, 5–13.

Peters, M., Fels, K. (2002). »… denn Gefühle altern nicht« – Übertragungsprozesse in der stationären Behandlung Älterer. In M. Peters, J. Kipp (Hrsg.), Zwischen Abschied und Neubeginn. Entwicklungskrisen im Alter. Gießen: Psychosozial.

Peters, M., Gehle, B., Lindner, J. (2006). Identitätskonflikte im Alter – Aufgabe für die gerontopsychosomatische Rehabilitation. Psychotherapie im Alter, 3, 97–111.

Pinquart, M. (1998). Das Selbstkonzept im Seniorenalter. Weinheim: Juventa.

Radebold, H. (1992). Psychodynamik und Psychotherapie Älterer. Berlin: Springer.

Radebold, H. (2005). Der lange Schatten der Vergangenheit. Stuttgart: Klett-Cotta.

Rauh, H. (1987). Frühe Kindheit. In R. Oerter, L. Montada (Hrsg.), Entwicklungspsychologie (2. Auflage). München: PVU.

Richter, H.-E. (1979). Der Gottes-Komplex. Reinbek: Rowohlt.

Riehl-Emde, A. (2003). Liebe im Fokus der Paartherapie. Stuttgart: Klett-Cotta.

Rosa, H. (2005). Beschleunigung. Die Veränderung der Zeitstrukturen in der Moderne. Frankfurt a. M.: Suhrkamp.

Radebold, H., Schweizer, R. (2001). Der mühselige Aufbruch. Eine Psychoanalyse im Alter (2. Auflage). München u. Basel: Reinhardt.

Scherf, H. (2006). Grau ist bunt. Was im Alter möglich ist. Freiburg: Herder.

Schlaffer, H. (2003). Das Alter. Ein Traum von Jugend. Frankfurt a. M.: Suhrkamp.

Schopenhauer, A. (1851/1994). Aphorismen zur Lebensweisheit. Leipzig: Reclam.

Schulz, H., Radebold, H., Reulecke, J. (2005). Söhne ohne Väter. Berlin: Christoph Links Verlag.

Schulze, G. (1995). Die Erlebnisgesellschaft (5. Auflage). Frankfurt a. M.: Campus.

Siegfried, D. (2006). Time Is on My Side. Konsum und Politik in der westdeutschen Jugendkultur der 60er Jahre. Göttingen: Wallstein.

Sommer, C., Künemund, H., Kohli, M. (2006). Zwischen Selbstorganisation und Seniorenakademie. Die Vielfalt der Altersbildung in Deutschland. Berlin: Weißensee-Verlag.

Stifter, A. (1853/1994). Bunte Steine. Erzählungen. Stuttgart.

Stöhr, M. (2005). Die Wahrheit über Anti-Aging. Risiken erkennen – Chancen nutzen. Frankfurt a. M.: Eichborn-Verlag.

Strasburger, C. J. et al. (2002). Missbräuchlicher Einsatz von humanem Wachstumshormon in der Anti-Aging-Medizin. Deutsches Ärzteblatt, 99, 47, 2497–2499.

Strunz, U. (1999). Forever young. Das Erfolgsprogramm. München: Gräfe und Unzer.

Sydow, K. von (1992). Die Lust auf Liebe bei älteren Menschen. München: Reinhardt.

Theweleit, K. (1986). Männerphantasien. Bd. 1 + 2. Frankfurt a. M.: Stroemfeld.

Tudor-Sandahl, P. (2003). Das Leben ist ein langer Fluß. Über das Älterwerden. Freiburg: Herder.

Vaillant, G. E. (2002). Aging Well. New York: Little Brown and Company.

Virilio, P. (1998). Rasender Stillstand. Frankfurt a. M.: Fischer: Fischer.

Vogel, W. (1999). Brauchen sich Geriatrie und Alternspsychotherapie? Gedanken aus der Sicht der Geriatrie. In G. Heuft, M. Teising (Hrsg.), Alterspsychotherapie – Quo Vadis? (S. 143–152). Opladen: Westdeutscher Verlag.

Westerhoff, G. J., Barrett, A. E., Steverink, N. (2003). Forever young? A comparison of age identities in the United States and Germany. Research on Aging, 25, 366–383.

Willi, J. (1991). Was hält Paare zusammen? Reinbek: Rowohlt.

Zulley, J., Knab, B. (2002). Kleine Schule des Schlafens. Freiburg: Herder.